1815

LIGNY — WATERLOO

IMPRIMERIE J. CLAYE
PARIS

1845

LIGNY — WATERLOO

PAR

A. DE VAULABELLE

Ancien Ministre de l'Instruction publique

40 GRAVURES PAR J. WORMS

D'APRÈS LES DOCUMENTS AUTHENTIQUES RECUEILLIS EN FRANCE ET A L'ÉTRANGER

ET UNE CARTE DE LA CAMPAGNE

Concours de fatalités inouïes ! Journée incompréhensible !
Y a-t-il eu trahison ? n'y a-t-il eu que du malheur ? Et pourtant tout ce qui tenait à l'habileté avait été accompli !
Singulière campagne où j'ai vu trois fois s'échapper de
mes mains le triomphe de la France !

(NAPOLÉON.)

PERROTIN, ÉDITEUR

De l'Histoire des Deux Restaurations, par A. DE VAULABELLE

41, RUE FONTAINE-MOLIÈRE, 41

LE CHEVALIER, LIBRAIRE, RUE RICHELIEU, 61

M DCCC LXVI

THÉATRE DES OPÉRATIONS MILITAIRES

EN 1815

PRÉFACE

La campagne de 1815 en Belgique, terminée par les batailles de Ligny et de Waterloo, est encore le fait militaire le plus considérable de la première moitié de ce siècle. Quoique chaque jour nous éloigne de cette époque néfaste et cependant glorieuse pour la France et pour sa brave armée, on est toujours avide de cette histoire dont nous voyons chaque jour disparaître quelques-uns des héroïques auteurs.

Nous avons donc pensé que l'on accueillerait avec plaisir une publication puisée à la meilleure source, mise à la portée de tout le monde par la modicité de son prix et enrichie cependant de dessins qui représentent exactement les faits et le terrain.

L'ouvrage qui nous a fourni cette histoire populaire de la campagne de Waterloo est celui si connu et si apprécié de Vaulabelle dont tous les journaux, toutes les publications ont vanté avec raison l'intérêt et l'impartialité.

Dans l'*Histoire des deux Restaurations*, en effet, tout se trouve réuni : l'attrait du style, l'attrait de la vérité historique, poussée si loin chez l'auteur, qu'il n'a reculé devant aucune recherche, devant aucune considération personnelle pour retrouver et pour faire connaître les faits tels qu'ils avaient eu lieu.

Là sont exposées avec talent les causes de nos désastres dans cette courte et mémorable guerre de quelques jours, terminée par une défaite dont nous avons le droit de nous montrer aussi fiers que de la plus belle victoire.

Nous avons choisi le livre de Vaulabelle pour en détacher une des plus belles pages, parce que ce livre contient un récit lucide, dramatique et complet de la campagne de Waterloo ; parce qu'à ce récit nerveux et imagé sont joints des documents, des preuves, recherchés avec soin, compulsés avec bonheur et habilement mis en relief.

Nous croyons donc, même à côté des ouvrages qui ont paru et paraissent journellement encore sur la même période historique, nous croyons donner à nos lecteurs ce qui a été écrit à cet égard de plus vrai et de plus complet. Nous sommes, en tous cas, parfaitement sûrs de leur offrir ce qui a été fait de plus consciencieux.

Tout nous fait donc espérer que nos efforts seront couronnés de succès, et que cette publication toute patriotique recevra, des masses à qui elle est destinée, l'accueil qu'elle mérite.

Il y a peu de temps a paru un petit livre écrit avec beaucoup de talent et qui a eu un légitime succès. C'était le *roman* de Waterloo. Aujourd'hui nous en présentons l'*histoire*.

1815

LIGNY-WATERLOO

PAR

A. DE VAULABELLE

ANCIEN MINISTRE DE L'INSTRUCTION PUBLIQUE

Illustré de 40 Gravures, par J. Worms, d'après les Documents authentiques

RECUEILLIS EN FRANCE ET EN ANGLETERRE

ET D'UNE CARTE DE LA CAMPAGNE

L'Empereur. — 1815.

Parti de Paris le 12 juin, à trois heures
et demie du matin, l'Empereur visita, dans la
journée, les fortifications de Soissons, et le
soir, vint coucher à Laon dont il inspecta
également les ouvrages. Le 13, il arriva à
Avesnes. Toutes les troupes destinées à faire
la campagne achevaient alors de se concentrer en avant de cette dernière place, sur la
partie de l'extrême frontière comprise entre
Maubeuge et Philippeville. L'armée se composait des
1er, 2e, 3e, 4e et 6e corps, ayant pour chefs les généraux
Drouet-d'Erlon, Reille, Vandamme, Gérard et comte de Lobau.
Elle comprenait, en outre, les troupes de la garde impériale, puis
une nombreuse réserve de cavalerie placée sous le commandement
en chef du maréchal Grouchy, et composée d'un corps de hussards et de
chasseurs sous les ordres du général Pajol; d'un corps de dragons commandé par le général Excelmans, et de deux corps de cuirassiers placés
sous les ordres des généraux Kellermann et Milhaut. Le 13 au soir, la garde.
qui avait quitté Paris le 5 juin, se trouvait réunie autour d'Avesnes; le
4e corps, parti de Metz le 6, était également arrivé à Philippeville; le 1er et
le 2e corps, partis, à quelques jours de là, des environs de Lille et de Valen-
ciennes, prenaient position entre Avesnes et Maubeuge; enfin, le 6e. parti de

Laon, arrivait, à son tour, sous la première de ces deux villes. Tous ces mouvements, ordonnés en secret, et exécutés sans bruit, avaient été masqués par des détachements de garnisons de places fortes et par des bataillons d'élite de gardes nationales. Le 14 au matin, la concentration de toutes ces forces était terminée, et l'armée campait sur les directions de Philippeville, Beaumont et Maubeuge. Les camps étaient établis derrière des monticules et des bois, à une lieue de la frontière, de manière que leurs feux ne fussent pas aperçus de l'ennemi, qui, en effet, n'en eut pas la moindre connaissance. Le quartier général fut placé au centre, à Beaumont. Le soir les appels constatèrent que le nombre des soldats présents sous les armes était de *cent quinze mille cinq cents hommes.* L'artillerie comptait 350 bouches à feu.

Voici la composition de cette armée :

1er Corps. — Comte d'Erlon. — 4 divisions d'infanterie : 1re division, général *Alix*, 4,120 hommes; 2e, général *Donzelot*, 4,100 h.; 3e, général *Marcognet*, 4,000 h.; 4e, général *Durutte*, 4,000 h. — Total . . . . 16,220 h.
1re division de cavalerie, général *Jacquinot*. 1,500
Artillerie, 46 pièces; artilleurs. 520

    Total du corps. . . . . 18,640 h.

2e Corps. — Comte Reille. — 4 divisions d'infanterie : 5e division, général *Bachelu*, 5,000 hommes; 6e, prince *Jérôme* (ayant pour chef d'état-major le général de division *Guilleminot*), 6,100 h.; 7e, général *Girard*, 5,000 h.; 9e, général *Foy*, 5,000 h. — Total. . . . . 21,100 h.
2e division de cavalerie, général *Piré*. 1,500
Artillerie, 46 pièces; artilleurs. 930

    Total du corps. . . . . 23,530 h.

3e Corps. — Comte Vandamme. — 3 divisions d'infanterie : 8e division, général *Lefol*, 4,300 hommes; 10e, général *Hubert*, 4,430 h.; 11e, général *Berthezène*, 4,300 h. — Total. . . . . 13,030 h.
3e division de cavalerie, général *Domon*. 1,510
Artillerie, 38 pièces; artilleurs. 750

    Total du corps. . . . . 15,290 h.

4e Corps. — Comte Gérard. — 3 divisions d'infanterie : 12e division, général *Pécheux*, 4,000 hommes; 13e, général *Vichery*, 4,000 h.; 14e, général *Bourmont*, ensuite le général *Hulot*, 4,000 h. — Total. . . . . . . 12,000 h.
6e division de cavalerie général *Maurin*. 1,500
Artillerie, 38 pièces; artilleurs. 760

    Total du corps. . . . . 14,260 h.

6ᵉ Corps. — Comte de Lobau. — 3 divisions d'infanterie : 19ᵉ division, général *Simmer*, 3,500 hommes ; 20ᵉ, général *Jeannin*, 3,500 h. ; 21ᵉ, général *Teste*, 4,000 h. — Total. . . . . 11,000 ʰ·
Artillerie, 38 pièces ; artilleurs. 770

Total du corps. . . . . 11,770 ʰ·

Garde impériale. — Infanterie. — Jeune garde, général *Duhesme*, 3,800 hommes ; chasseurs ou moyenne garde, général *Morand*, 4,250 h. ; grenadiers, général *Friant*, 4,420 h. — Total de l'infanterie. . . . . . 12,470 ʰ·
Division de cavalerie légère, général *Lefebvre-Desnouettes*, 2,120 hommes ; division de grosse cavalerie, général *Guyot*, 2,010 h. — Total de la cavalerie. 4,130
Artillerie, général *Devaux*, 96 pièces ; artilleurs. 1,920

Total de la garde. . . . . 18,520 ʰ·

Réserve de cavalerie, maréchal **Grouchy** :
1ᵉʳ Corps. — Comte Pajol. — 4ᵉ division, général *Soult* (frère du major général), 1,280 hommes ; 5ᵉ division, général *Subervie*, 1,240 hommes ; ensemble. . . . . 2,520 ʰ·
2ᵉ Corps. — Comte Excelmans. — 9ᵉ division, général *Strolz*, 1,300 hommes ; 10ᵉ, général *Chastel*, 1,300 h. ; ensemble. 2,600
3ᵉ Corps. — Comte Kellermann. — 11ᵉ division, général *Lhéritier*, 1,310 hommes ; 12ᵉ, général *Roussel*, 1,300 h. ; ensemble. 2,610
4ᵉ Corps. — Comte Milhaut. — 13ᵉ division, général *Wathier*, 1,300 hommes ; 14ᵉ, général *Delort*, 1,300 h. ; ensemble. 2,600
Artillerie, 48 pièces ; artilleurs. 960

Total de la réserve de cavalerie. 11,290 ʰ·

RÉCAPITULATION.

	Infanterie.	Cavalerie.	Artillerie.	Canons.
1ᵉʳ Corps.	16,220 ʰ·	1,500 ʰ·	920 ʰ·	46
2ᵉ —	21,100	1,500	930	46
3ᵉ —	13,030	1,500	760	38
4ᵉ —	12,000	1,500	760	38
6ᵉ —	11,000	»	770	38
Garde impériale.	12,470	4,130	1,920	96
Réserve de cavalerie.	»	10,330	960	48

Total des canons. 350

Total de l'infanterie. . . . . 85,820 ⎫
— de la cavalerie. . . . . 20,460 ⎬ 113,300 ʰ·
— des artilleurs. . . . . 7,020 ⎭
Équipages de pont, sapeurs, etc. 2,200

Total général. . . . . 115,500 ʰ·

Prise du pont de Charleroi. Journée du 15 juin. — (Page 16).

Des écrivains étrangers, dans le but de rehausser la valeur de leurs com-
patriotes et la gloire de leurs généraux, ont avancé que les troupes dont nous

L'Empereur au moulin de Fleurus. — (Page 28).

venons de faire l'énumération se composaient des vieilles bandes de l'Empire.
Or, avons-nous besoin de rappeler qu'après les désastres de Russie, la grande
armée impériale, celle qui, en 1813, gagna les batailles de Lutzen, de Bautzen
et de Dresde était formée en presque totalité de conscrits? Les conscrits, ainsi
qu'on l'a vu, étaient également fort nombreux parmi les troupes qui firent
l'héroïque campagne de 1814. L'armée qui allait combattre ne renfermait pas
un nombre moins considérable d'hommes n'ayant jamais vu le feu ; ces hommes
entraient dans sa composition pour environ moitié ; le reste n'avait guère fait
son apprentissage qu'en 1813 et en 1814. La garde impériale elle-même, sur
les 18,500 hommes qui la composaient, comptait 4 à 5,000 conscrits; là seulement se trouvaient un certain nombre de vieux soldats; encore le chiffre de
ces vétérans était-il moins élevé qu'on ne pourrait le croire. Nous ne donnons
pas ce détail pour grandir les efforts que nous avons à raconter ; c'est un fait
que nous constatons.

L'Empereur, le matin du 14, avait fait mettre à l'ordre du jour de
l'armée la proclamation suivante :

« Avesnes, le 14 juin 1815.

« Soldats! c'est aujourd'hui l'anniversaire de Marengo et de Friedland, qui décida
deux fois du destin de l'Europe. Alors, comme après Austerlitz, comme après Wagram,
nous fûmes trop généreux! Nous crûmes aux protestations et aux serments des princes
que nous laissâmes sur le trône! Aujourd'hui, cependant, coalisés entre eux, ils en
veulent à l'indépendance et aux droits les plus sacrés de la France. Ils ont commencé
la plus injuste des agressions. Marchons donc à leur rencontre! Eux et nous, ne sommes-
nous plus les mêmes hommes?

« Soldats! à Iéna contre ces mêmes Prussiens, aujourd'hui si arrogants, vous étiez
un contre trois, à Montmirail un contre six.

« Que ceux d'entre vous qui ont été prisonniers des Anglais vous fassent le récit
de leurs pontons et des maux affreux qu'ils ont soufferts!

« Les Saxons, les Belges, les Hanovriens, les soldats de la confédération du Rhin,
gémissent d'être obligés de prêter leurs bras à la cause de princes ennemis de la justice
et des droits de tous les peuples; ils savent que cette coalition est insatiable! après avoir
dévoré 12 millions de Polonais, 12 millions d'Italiens, 1 million de Saxons, 6 millions de
Belges, elle devra dévorer les États de deuxième ordre de l'Allemagne.

« Les insensés! un moment de prospérité les aveugle. L'oppression et l'humiliation
du peuple français sont hors de leur pouvoir. S'ils entrent en France, ils y trouveront
leur tombeau.

« Soldats! nous avons des marches forcées à faire, des batailles à livrer, des périls
à courir; mais, avec de la constance, la victoire sera à nous; les droits, l'honneur et le
bonheur de la patrie seront reconquis!

« Pour tout Français qui a du cœur le moment est arrivé de vaincre ou de périr!

« NAPOLÉON. »

Vaincre ou périr ! disait l'Empereur à son armée. Ce langage fut entendu des soldats ; tous avaient dans le cœur les sentiments exprimés par leur chef ; tous, impatients de batailles, brûlaient d'en venir aux mains. Sauver l'indépendance nationale n'était pas, toutefois, l'unique tâche que cette armée entendait accomplir : dominés par le souvenir des malheurs de 1814, les hommes qui la composaient, vieux soldats comme soldats de la veille, avaient, en outre, dans la dernière invasion, une mortelle injure à venger et des offenseurs détestés à punir.

Un grand nombre de chefs ne partageaient pas cet élan : leur caractère avait été détrempé par les événements de 1814, et ils reprochaient à l'Empereur d'être venu déranger leur existence, troubler leur repos. Alourdis, en outre, par l'inactivité d'une année de profonde paix, ils avaient perdu de cette résolution et de cette audace qui, en leur donnant la gloire, avaient contribué pour une si grande part aux succès des campagnes de la République et de l'Empire. Ces dispositions chagrines et ce changement ne se faisaient pas seulement remarquer dans les hauts rangs de l'armée, on les retrouvait chez un certain nombre d'officiers de grades inférieurs. Nous avons dit combien les Bourbons s'étaient montrés prodigues de grades et de décorations : au moment de quitter Paris, Louis XVIII avait encore jeté dans l'armée 2 à 3,000 croix de Saint-Louis et de la Légion d'honneur[1]. Ces nominations, toutes de faveur, le retour de l'Empereur les avait annulées, soit qu'elles eussent été faites la veille du départ du roi ou le lendemain de l'abdication de Fontainebleau. On regrettait ces grâces, mais plus encore les tranquilles loisirs donnés par le gouvernement que la journée du 20 mars avait renversé. L'Empereur ne pouvait apercevoir les germes d'opposition cachés dans les rangs des régiments. Le mauvais vouloir des principaux de l'armée, en revanche, ne lui avait pas échappé. « Je dois mon retour au peuple des villes et des campagnes, aux soldats et aux sous-lieutenants, je ne peux compter que sur eux. » disait-il souvent. Durant quelques semaines, il parut décidé à réaliser enfin une pensée qu'il avait conçue dès 1813, mais sans avoir eu la force de l'exécuter même en 1814, c'est-à-dire, à laisser tous ses anciens lieutenants goûter les douceurs d'une retraite splendide, et à ne confier le commandement

---

[1] Cinq ordonnances insérées dans le *Moniteur* des 18 et 19 mars, et portant la date des 17 et 18, contenaient *trente-huit* nominations dans l'ordre de Saint-Louis e *cent quatre-vingt-dix* nominations aux grades de commandeurs, d'officiers et de chevaliers de la Légion d'honneur. Une sixième ordonnance, dont la publication remplit les colonnes des numéros des 18 et 19 mars, contenait, à elle seule, le chiffre de nominations suivantes dans la Légion d'honneur : *Moniteur* du 18, *cent dix-neuf* officiers et *deux cent cinquante-sept* chevaliers; *Moniteur* du 19, *huit cent dix* chevaliers, avec cette mention après le dernier nom, qui est celui de M. Chancel de Buesdenos (Jean-Louis-César), sous-lieutenant au 12e de cuirassiers : *la suite à demain*. Le lendemain était le 20 mars. Si le gouvernement royal n'eut pas le temps de compléter la publication de cette liste, il put du moins aviser tous les titulaires de leur nomination.

des troupes placées sous ses ordres directs qu'à de simples généraux de division dont l'audace et l'énergie seraient excitées par l'espoir d'arriver à leur tour au faîte des honneurs militaires, le maréchalat [1]. Cette résolution, s'il avait pu la maintenir, aurait peut-être changé les destins de la campagne de 1815 ; mais il faiblit à mesure qu'approchait l'heure de la lutte. Déjà, dans le courant de mai, il avait nommé le maréchal Soult son major général. Ce choix étonna le public et excita les murmures de l'armée. Le rôle malheureux du duc de Dalmatie sous la Restauration, l'exagération de son royalisme et les rigueurs de son ministère, étaient encore présents à tous les esprits. Un mois plus tard, le 11 juin, la veille de son départ pour la frontière, Napoléon, après de longues hésitations, avait fait transmettre, par le télégraphe, au maréchal Ney, alors retiré à sa terre des Coudreaux, l'ordre de rejoindre en toute hâte le quartier impérial. Enfin, l'Empereur s'était également décidé, peu de jours auparavant, à confier au maréchal Mortier le commandement des troupes de la garde impériale destinées à faire la campagne, et à placer sous les ordres du marquis de Grouchy, créé maréchal à la suite de la capitulation du duc d'Angoulême, toute la réserve de cavalerie. La plupart des anciens généraux avaient, en outre, reçu de l'emploi. Les soldats, les sous-officiers et les officiers inférieurs étaient jeunes, ardents, avides de batailles; les chefs, en grand nombre, étaient vieux d'ans ou fatigués de services. — Cette différence, que l'on retrouve, au reste, à la suite de toutes les longues guerres, explique les revers que subissent alors les nations les plus belliqueuses : leurs soldats conservent l'ardeur et l'élan accoutumés, parce que, renouvelés incessamment, ils sont toujours dans la force de la jeunesse ; mais les chefs, par cela qu'ils ont vieilli dans le commandement, que leur ambition est satisfaite, que leur moral n'est plus soutenu par l'énergie physique des premières années, ne sont plus les mêmes hommes et se montrent presque toujours inférieurs à leur passé.

Nous avons fait connaître les positions prises par l'armée française dans la soirée du 14 ; voici qu'elles étaient au même moment celles de l'ennemi.

Les troupes alliées, alors campées en Belgique, formaient deux armées distinctes : l'une commandée par le duc de Wellington, l'autre par le feld-maréchal prussien Blücher.

[1] Un ancien général de la grande armée nous a raconté le détail suivant. Il se trouvait près de l'Empereur, le 16 octobre 1813, le matin de la première journée de Leipsick. Un groupe nombreux parut à quelque distance, se dirigeant vers un des points du champ de bataille. « Qui passe là? demanda Napoléon. — Sire, c'est le maréchal... — Comment! il n'est pas encore à son poste ? Ses troupes pourtant doivent être engagées depuis plusieurs heures. Mais les voilà bien, ces maréchaux! il leur faut maintenant de longues nuits, des lits moelleux; les fatigues de la guerre sont trop fortes pour ces corps amollis. Ils en ont assez; *ils n'en veulent plus.* Désormais ils pourront se reposer, car je suis bien décidé à les remplacer par des généraux jeunes, ayant encore des grades à gagner et de la gloire à acquérir. Il y a longtemps que j'aurais dû prendre ce parti. »

La première se composait de 24 brigades d'infanterie, dont 9 anglaises,
10 allemandes, 5 hollandaises et belges ; de 11 brigades de cavalerie, comprenant 16 régiments anglais, 9 allemands et 6 hollandais. Sa force était de *cent*

Le feld-maréchal Blücher et le général Bulow.

deux mille cinq cents hommes, non compris 8 régiments anglais venant d'Amé-
rique et débarqués à Ostende, ainsi que 5 autres régiments anglais enfermés
dans les places de la Belgique. Le prince d'Orange, lord Hill et lord Uxbridge

commandaient les principaux corps. Disséminée depuis Nivelles jusqu'à la mer.
cette armée anglo-hollandaise avait son quartier général à Bruxelles ; le point
de concentration indiqué à toutes ses divisions était les Quatre-Bras [1].

Les troupes prussiennes étaient divisées en quatre corps de 30 à
35,000 hommes chacun, cantonnés autour de Charleroi, de Namur, de Ciney
et de Liége, et commandés par les généraux Ziethen. Pirch. Thielmann et
Bulow. Cette armée, forte de *cent trente-trois mille quatre cents hommes*, et
de 300 bouches à feu, avait son quartier général à Namur ; son point de
concentration était indiqué en arrière de Fleurus [2].

L'effectif des deux armées réunies était double du nôtre : il s'élevait à
deux cent trente-cinq mille neuf cents hommes, tandis que nous n'avions que
cent quinze mille cinq cents combattants ; seize lieues séparaient les deux
quartiers généraux alliés ; la même distance existait entre le quartier général

---

[1] Composition de l'armée anglo-hollandaise :

1er Corps. — Prince d'Orange. — 11 brigades d'infanterie, formant 5 divisions, dont
2 anglaises, commandées par le major général Cooke (4,000 hommes, et par le lieutenant-général
Alten (9,800 h.), et 3 divisions hollandaises commandées par les lieutenants-généraux Chassé,
(7,400 h.), Perponcher (8,000 h.), et Collaert (7,200 h.). — Total........... 36,400 h.
2e Corps. — Lord Hill. — 13 brigades d'infanterie, composant 5 divisions.
dont 4 anglaises, commandées par les lieutenants-généraux Clinton (9.700 h.), Colville
(9,300 h.), Picton (9,700 h.), et Cole, (8,800 h.), et une cinquième division étran-
gère, commandée par le duc de Brunswick (5,500 h.) — Total............ 43.000
Cavalerie. — Lord Uxbridge. — 11 brigades, dont 7 brigades anglaises,
commandées par les majors généraux Sommerset, Ponsomby, Domeberg, Vandeleur,
Grant, Vivian, et par le colonel Reuschild, ensemble (10,400 h.); une brigade hano-
vrienne (4,200 h.), 2 brigades hollandaises (3,400 h.), et une brigade brunswickoise
(900 h.) — Total............................ 15,600
Artillerie et Génie. — 30 brigades anglaises, comptant 180 canons et
4,500 artilleurs, et 13 brigades hollando-belges, comptant 78 canons et 2,000 artilleurs. — Sapeurs-mineurs, 1,000 h. — Total................ 7,500
Récapitulation. — Infanterie, 79.400 h.: cavalerie, 15,600 h.: artillerie et génie,
7,500 h., et 258 pièces de canon.

Total général................. 102,500 h.

[2] Composition de l'armée prussienne :

1er Corps. — Général Ziethen. — 4 divisions d'infanterie, comprenant 34 bataillons,
(27,200 hommes), et une division de cavalerie de 32 escadrons (4.800 h.) — Total. 32,000 h.
2e Corps. — Général Pirch. — 4 divisions d'infanterie, comprenant 36 bataillons (28,800 h.), et une division de cavalerie de 36 escadrons (5.400 h., — Total.. 34.200
3e Corps. — Général Thielmann. — 4 divisions d'infanterie. comprenant
33 bataillons (26,400 h.), et une division de cavalerie de 32 escadrons (4.800 h.)
— Total..................... 34,200
4e Corps. — Général Bulow. — 4 divisions d'infanterie, comprenant 36 bataillons (28,800 h.), et une division de cavalerie de 48 escadrons (7.200 h.) — Total.. 36.000
Récapitulation. — Infanterie, 114,200 h. ; cavalerie, 22.200.

Total général................. 133.400 h.

de Blücher, le plus rapproché de notre ligne, et Beaumont, quartier général de l'Empereur.

Toutes les nouvelles arrivées au quartier impérial, dans la journée du 14, annonçaient que les troupes prussiennes ne faisaient aucun mouvement. Dans la nuit du 14 au 15, des affidés, venus de différents points de la Belgique, confirmèrent la profonde sécurité où était l'ennemi ; la tranquillité la plus absolue régnait à Bruxelles, à Namur et à Charleroi. Fait unique peut-être dans l'histoire de la guerre ! Napoléon avait réuni une armée de 115,000 hommes, sur une frontière ouverte, en face de deux armées ennemies ; lui-même venait de quitter la capitale de l'Empire et de se mettre à la tête des troupes, sans que nulle part, même à une lieue de nos lignes, on soupçonnât les mouvements opérés, depuis deux jours, par nos soldats et par leur chef.

L'Empereur, pour attaquer les deux armées alliées, avait à choisir entre ces trois plans d'opération : déborder leur droite ou leur gauche, ou bien percer leur centre. Dans les deux premiers cas, les armées de Wellington et de Blücher resteraient réunies, puisqu'elles se trouveraient pressées l'une sur l'autre, de la gauche sur la droite, ou de la droite sur la gauche, selon le côté par lequel l'Empereur attaquerait. La disproportion qui, dans cette double hypothèse, existerait entre l'armée française et les forces réunies des deux généraux alliés, fit adopter à Napoléon le parti de percer leur ligne à son point de jonction, à Charleroi, afin d'isoler chaque armée ennemie, et de rester ainsi maître d'appuyer, à volonté, sur l'une ou sur l'autre. Une fois placé entre les Prussiens et les Anglais, devait-il faire tomber l'effort de toutes nos troupes sur ceux-ci ou sur les premiers? Cette question fut résolue par la connaissance qu'il avait du caractère des deux généraux ses adversaires.

Blücher avait conservé, de ses débuts dans la profession des armes, des habitudes de hussard : caractère actif, décidé, son armée, évidemment, serait réunie la première. Si on ne l'attaquait pas tout d'abord, son concours serait prompt, énergique; et ce général, n'eût-il sous la main que deux bataillons, n'hésiterait pas à les amener au soutien de Wellington. Celui-ci, caractère circonspect, esprit lent, méthodique, attendrait, au contraire, la réunion de tous ses régiments, quelque compromise que fût la position des Prussiens, avant de faire un seul pas pour dégager ces derniers. L'Empereur résolut donc d'attaquer Blücher le premier. Il fallait une demi-journée pour le rassemblement de chaque corps prussien; deux jours étaient nécessaires pour la concentration des quatre corps composant l'armée de Blücher. Napoléon, en franchissant la frontière le 15 au matin, espérait donc que cette armée ne pourrait pas se présenter en ligne avant le 17. Il y a plus : en surprenant l'armée prussienne dans ses cantonnements, comme il allait le faire, l'Empereur était en mesure d'empêcher le ralliement des différents corps qui la formaient et de les écraser en détail. Les 11,000 chevaux du maréchal Grouchy, destinés à des manœuvres rapides au milieu de toutes ces troupes en mouvement, avaient été réunis sous une seule main, afin d'assurer ce double résultat.

Peu d'heures après l'arrivée de l'Empereur à Avesnes, un ordre du jour du major général, daté de cette ville, le 13, et dit *ordre de position*, avait assigné à chaque corps le lieu où il devait se réunir et camper. Le 14, un second ordre du jour, dit *ordre de mouvement*, daté de Beaumont, où le quartier impérial venait d'être transporté, vint indiquer à chaque général l'heure et l'ordre de sa mise en marche pour franchir la frontière le lendemain, ainsi que la route qu'il devait suivre et le point sur lequel il devait se porter. Le 4ᵉ corps, entre autres, commandé par le comte Gérard et posté en avant de Philippeville, — le point de notre ligne le plus éloigné du quartier impérial et le plus rapproché du quartier général de Blücher, — avait l'ordre de se mettre en mouvement à trois heures du matin, et, faisant éclairer sa droite, ainsi que tous les débouchés qui vont sur Namur, de marcher, serré en ordre de bataille, sur Charleroi. La 3ᵉ division de ce corps était commandée par le général Bourmont.

Ancien chef de bandes royalistes dans l'Ouest, M. de Bourmont, après la pacification de ces provinces, avait obtenu la faveur d'entrer, avec le grade d'adjudant-commandant, dans les armées impériales. Un talent incontestable, plusieurs actions d'éclat, l'avaient successivement élevé au grade d'officier général. Lors du retour de l'île d'Elbe, il faisait partie, comme général de division, du petit corps d'armée réuni par le gouvernement à Besançon, sous les ordres du maréchal Ney, dans le but d'opérer sur le flanc de l'Empereur.

Invité, à quelques jours de là, par le préfet du Doubs, M. Capelle, à aller rejoindre avec lui les Bourbons en Belgique, M. de Bourmont s'y refusa, retenu qu'il était, disait-il, par l'espoir de conserver Besançon au roi. Besançon reconnut le pouvoir impérial, et, bien que M. de Bourmont eût déclaré à M. Capelle que les étrangers étaient la seule ressource sur laquelle la cause royale pût compter, et qu'on ne devait pas hésiter à les rappeler[1], ce général ne tarda pas à solliciter un emploi de son grade dans l'armée que l'Empereur organisait pour repousser l'invasion. Davoust, dont le dévouement à Napoléon

---

[1] Procès du maréchal Ney, déposition de M. Capelle.

était alors sans réserve, rejeta durement sa demande. M. de Bourmont recourut à son ancien chef, le général Gérard, dont l'intervention fut également

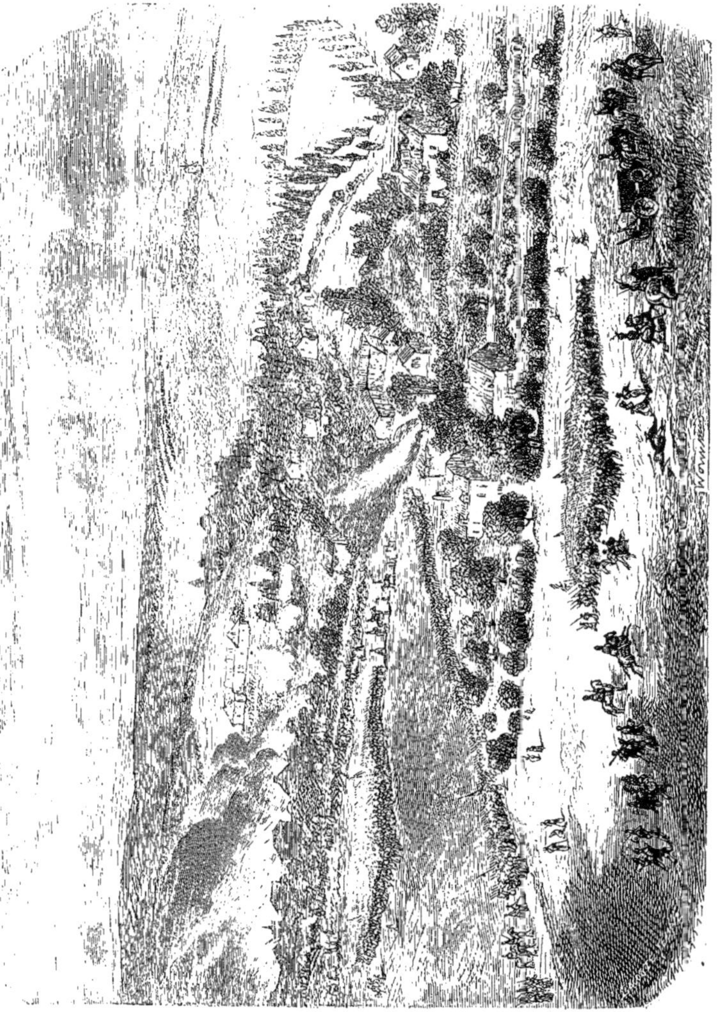

BATAILLE DE LIGNY. Attaque de Saint-Amand-la-Haye. — (Page 34).

sans succès. Du ministre, Gérard en appela directement à l'Empereur, et ses instances, secondées par les prières de Labédoyère, du comte de Flahaut et du maréchal Ney lui-même, triomphèrent à la fin des répugnances que puisait Napoléon dans les observations de son ministre de la guerre. Le général Gérard venait d'être nommé au commandement du 4e corps, qui se formait alors à Metz; son protégé obtint une des divisions placées sous ses ordres. Le 6 juin, cette division quitta Metz avec le reste du 4e corps, pour prendre position sur la frontière de Belgique.

Le 14 au soir, le général Bourmont, dont les régiments formaient tête de colonne, avait son quartier général à Florenne, village à deux lieues en avant de Philippeville, dans la direction de Namur. Lorsqu'il eût pris communication, comme tous les autres chefs, de l'*ordre de mouvement*, il fit la reconnaissance du terrain dans le plus grand détail et donna ses ordres pour la marche du lendemain. Le 15 au matin, à l'heure indiquée par l'ordre de mouvement, toutes les troupes du 4e corps prirent les armes. Le général Bourmont monta à cheval à cinq heures et demie et se porta en avant de sa division comme pour reconnaître la route. Il était accompagné de son chef d'état-major, l'adjudant-commandant Clouet, d'un autre officier d'état-major, le chef d'escadron Villoutreys, et de trois aides de camp. Six chasseurs à cheval et un brigadier lui servaient d'escorte. Après avoir marché l'espace d'une demi-lieue, il renvoya deux des chasseurs, sous prétexte de transmettre un ordre verbal au général Hulot, commandant de sa première brigade. Une fois ces deux cavaliers hors de vue, leurs camarades se trouvaient en minorité, cinq soldats contre six officiers; le général fit alors défense aux chasseurs de le suivre plus loin, les congédia en donnant au brigadier deux lettres pour le général Gérard, mit ensuite son cheval au galop, et s'élança vers les avant-postes de l'ennemi. Les cinq officiers qui l'accompagnaient le suivirent. Les chasseurs, étonnés, s'arrêtèrent; ils purent voir M. de Bourmont parlementer un instant avec les sentinelles prussiennes, passer outre, puis disparaître.

Cette désertion, accomplie au milieu du mouvement d'une armée en pleine marche pour surprendre l'ennemi, devait exercer une grande influence sur toute cette campagne : nous dirons plus loin son effet moral sur un grand nombre de généraux et sur les soldats; comme résultat matériel, elle annulait en partie le succès des dispositions de l'Empereur pour dérober sa marche au général en chef prussien. Le point de la frontière où M. de Bourmont venait de disparaître était séparé de Namur, quartier général de Blücher, par sept ou huit lieues au plus, trajet de deux à trois heures. Une escorte conduisit le transfuge devant le général prussien. L'*ordre de mouvement*, dont M. de Bourmont avait reçu communication la veille, par cela seul qu'il indiquait Charleroi comme le point où devaient se diriger tous les corps de l'armée, donnait le secret de la campagne. Ce secret fut-il livré? On peut, disons mieux, on doit le supposer. Mais, en admettant que, gardant le silence sur les dispositions de cet ordre, le général Bourmont se soit contenté de dire au feld-maréchal prussien : *Je quitte l'armée française ; elle est en marche pour franchir la frontière, j'étais sur tel point* ; même dans cette hypothèse difficilement acceptable, il aurait encore porté un coup funeste à notre armée. Au lieu de connaître dans la nuit seulement du 15 au 16, après l'attaque de Charleroi, l'entrée des Français dans ses cantonnements, Blücher se trouvait averti dès le 15 au matin ; il gagnait toute une journée et toute une nuit. Or, par ce seul fait que les Prussiens ne pouvaient plus être surpris, Napoléon perdait le bénéfice qu'il devait attendre de la première opération de son plan de campagne. On peut dire, sans exagération, que tous les malheurs de cette guerre de quatre jours se rattachent à ce crime ; et la voix publique ne s'est pas égarée en unissant dans un lien fatal ces deux noms : *Bourmont et Waterloo* [1].

Lorsque le général Gérard connut cette désertion, il se porta au galop sur le front de la division que M. de Bourmont venait d'abandonner ; les soldats étaient furieux. Quelques paroles énergiques, indignées, satisfaction stérile, parvinrent pourtant à les calmer. L'Empereur, averti de l'événement, se hâta de changer quelques-unes de ses dispositions ; le corps du comte Gérard (4e), au lieu de continuer sa marche sur Charleroi, reçut l'ordre de passer la Sambre au Châtelet, et ne tarda pas à prendre cette direction. Tous les autres corps de l'armée se trouvaient déjà en mouvement ; la campagne était commencée.

JOURNÉE DU 15. *Passage de la Sambre.* — Le but de l'Empereur, dans cette première journée que venait d'ouvrir la désertion d'un de ses généraux, était d'occuper, en arrière de Fleurus, le plateau indiqué comme point de concentration aux quatre corps prussiens, d'embarrasser la jonction de ceux-ci et de se placer entre eux et l'armée anglaise. Nos troupes s'élançaient vers la Sambre dans trois directions : elles se portaient sur les ponts

---

[1] Voici en quels termes cette désertion est constatée dans les états officiels déposés aux archives de la guerre :

 « *État nominatif de MM. les officiers généraux et officiers d'état-major composant le 4e corps de la grande armée, avec les mutations pendant le mois de juin jusqu'au 4 juillet (inclus). 1815.*

 « 14e division. BOURMONT, lieutenant général ; *Dandigné, de Trélon,* capitaines aides de camp. (Le général et les deux aides de camp passés à l'ennemi le 15 juin.)

 « CLOUET, adjudant commandant, chef d'état-major, passé à l'ennemi le 15 juin.

 « VILLOUTREYS, chef d'escadron, adjudant, *idem.*

 « SOURDAT, capitaine adjudant, *idem.* »

de Marchiennes, Charleroi et le Châtelet. Le général Ziethen, dont le quartier général était à Charleroi, gardait, avec son corps, ces trois passages. Sa sécurité, on l'a vu, était profonde. Ses premiers postes, surpris, en avant de Thuin et de Lobbes, par l'avant-garde du 2e corps (comte Reille), n'eurent pas le temps de se mettre en défense; ils furent culbutés et rejetés sur Marchiennes. Quelques bataillons, se formant en carré en avant de ce bourg, essayèrent de tenir. Rompus de nouveau, ils durent franchir le pont en désordre et se retirer sur Charleroi. Le passage, à notre gauche, était forcé; le 2e corps, puis le 1er (comte Drouet-d'Erlon), entrèrent successivement dans Marchiennes.

Pendant ce temps la cavalerie légère du centre, aux ordres du général Pajol, s'avançait sur Charleroi, enlevant ou balayant tous les postes placés entre la frontière française et cette ville. L'ennemi s'y rallia et prit position pour défendre le pont. Les sapeurs et les marins de la garde, chargés de rétablir ce passage dans le cas où les Prussiens le feraient sauter, avaient accompagné la cavalerie de Pajol au pas de course et en se battant en tirailleurs[1]. Entrés dans Charleroi avec les détachements de Ziethen, et ne voulant pas laisser à ceux-ci le temps de couper le pont, ils s'élancèrent pour l'occuper. Leur attaque, accueillie par un feu nourri de mousqueterie, fut repoussée. Bientôt pourtant Pajol et sa cavalerie parurent; ce général ordonna la charge; le pont fut enlevé.

La Sambre, à Charleroi, coule au pied d'une ligne de hauteurs assez considérables que gravit la route de Fleurus. Chacune des rampes de cette route fut vivement disputée par l'ennemi, dont le nombre était incessamment augmenté par des détachements accourus de tous les cantonnements voisins. Les Prussiens ne purent tenir sur aucun point; chaque fois qu'ils essayaient de se former, nos soldats, s'élançant sur eux avec une audace et une impétuosité sans égales, les culbutaient à la baïonnette. Rejetés au delà des hauteurs, les troupes de Ziethen s'arrêtèrent, à une demi-lieue plus loin, au village de Gilly, point d'intersection des deux chemins qui vont à Gosselies et à Fleurus. Quelques régiments de cavalerie, des détachements d'infanterie peu nombreux, étaient seuls attachés à leur poursuite. Le général prussien, favorisé par la position, réunit sur ce point 8 à 10,000 hommes qu'il fit appuyer par un corps de cavalerie et par plusieurs batteries d'artillerie. Nos soldats, obligés de s'arrêter, attendirent l'arrivée du corps qui, d'après les dispositions prises la veille pour le mouvement de toute l'armée, devait les soutenir; ce

---

[1] Une partie de ces marins de la garde avaient accompagné Napoléon à l'île d'Elbe; ils étaient commandés par l'ancien lieutenant de vaisseau, alors le chef de bataillon d'artillerie Préaux, qui depuis est devenu colonel d'artillerie de marine.

corps était celui de Vandamme (3ᵉ). Ce général avait dû quitter ses cantonnements à trois heures du matin ; sa marche avait été calculée pour qu'il pût

Combat dans les rues de Ligny. — (Page 36).

déboucher à Charleroi à neuf heures. De faux mouvements lui firent perdre
quatre heures, et ce fut seulement vers une heure et demie de l'après-midi
qu'il se présenta devant Charleroi. L'Empereur y était entré à onze heures

avec sa garde. Vandamme reçut l'ordre de traverser la ville sans s'arrêter, de se porter sur Gilly, d'en chasser les Prussiens et de les rejeter au delà de Fleurus.

Dans le même moment, Napoléon apprenait l'arrivée du 2ᵉ corps à Marchiennes. Un officier fut aussitôt dépêché sur ce point pour ordonner au général Reille de se porter directement sur Gosselies par la traverse, et de pousser vigoureusement sur la route de Bruxelles tous les détachements qu'il rencontrerait devant lui. Le comte d'Erlon (1ᵉʳ corps) reçut les mêmes instructions ; mais, soit que quelques-uns de ses régiments fussent encore en arrière de la Sambre, soit un autre motif que nous n'avons pu pénétrer, on devait voir d'Erlon laisser le 2ᵉ corps s'avancer seul sur Gosselies et ne point quitter Marchiennes. Ces différents ordres venaient d'être expédiés quand le maréchal Ney parut.

Nous avons dit que, le 11 juin, une dépêche télégraphique avait appelé ce maréchal au quartier impérial. Pris au dépourvu, parti sans équipages, avec un seul aide de camp, Ney était arrivé le matin même du 15 à Beaumont, où il avait trouvé le maréchal Mortier, retenu dans ce bourg, en deçà de la frontière, par un subit accès de sciatique ; le prince de la Moskowa, continuant sa route, venait de rejoindre l'Empereur à Charleroi. Après les premiers compliments, Napoléon lui dit : « Eh bien, monsieur le maréchal, votre protégé Bourmont, dont vous me répondiez sur votre honneur, que je n'ai employé qu'à votre sollicitation, a passé à l'ennemi ! » Le maréchal, confus, essaya de s'excuser, en disant que M. de Bourmont lui avait semblé si dévoué à l'Empereur, que nul autre à sa place n'aurait hésité à se faire son garant. *Allez, monsieur le maréchal,* lui répliqua Napoléon en l'interrompant, *ceux qui sont bleus sont bleus, ceux qui sont blancs sont blancs* [1]. Puis, il lui ordonna d'aller prendre le commandement des corps de Reille et de d'Erlon, de donner tête baissée sur tout ce qu'il rencontrerait, et de prendre position, avec les 40,000 hommes mis sous ses ordres, au delà des Quatre-Bras, en tenant de fortes avant-gardes sur les deux routes de Bruxelles et de Namur. Ces ordres expliqués, l'Empereur ajouta : « Monsieur le maréchal, vous connaissez bien la position des Quatre-Bras ? — Oui, Sire, répondit Ney ; comment ne la connaîtrais-je pas ? Il y a vingt ans, j'ai fait la guerre dans ce pays ; cette

---

[1] M. de Bourmont avait fait ses premières armes parmi les insurgés royalistes de l'Ouest. Dans ces provinces, la population armée, comme la population civile, se divisait en *blancs* et en *bleus*. Les partisans de l'ancien régime avaient pris le nom de *blancs*, de la couleur des uniformes de l'ancienne monarchie et de son drapeau. La République avait donné à ses volontaires et à ses soldats des uniformes de couleur bleue ; le bleu était, en outre, une des trois couleurs de son étendard : tous les partisans de la Révolution furent désignés par leurs adversaires sous le nom de *bleus*.

position est la clef de tout. — Eh bien, ralliez-y vos deux corps, et, s'il est nécessaire, élevez-y quelques redoutes; pressez la marche de d'Erlon, et qu'il rappelle tous les détachements qu'il aura laissés sur la Sambre. Tout doit être rallié avant minuit. — Fiez-vous à moi, Sire; dans deux heures nous serons aux Quatre-Bras, à moins que toute l'armée anglaise ne s'y trouve. » Le maréchal partit [1].

Lorsque, à moins de deux heures de là, l'Empereur apprit que Ney était arrivé à Gosselies, et que, se dirigeant sur les Quatre-Bras, ce maréchal se trouvait en mesure d'occuper le point de concentration indiqué à tous les corps de l'armée anglaise, lui-même se porta sur la route de Fleurus, vers le point de concentration assigné aux différents corps de l'armée prussienne. Vandamme et le maréchal Grouchy étaient encore en arrière de Gilly. Depuis plusieurs heures, ces deux généraux, croyant avoir devant eux tout le corps de Ziethen, se tenaient immobiles. L'Empereur, de sa personne, alla reconnaître l'ennemi; il put se convaincre qu'une partie du corps prussien essayait seule de barrer la route. Dans ce moment, les Prussiens se mettaient en retraite, protégés par plusieurs carrés d'infanterie et par le feu de deux batteries d'artillerie. Irrité du temps perdu, mécontent de voir l'ennemi lui échapper, Napoléon se tourne vers un de ses aides de camp, et, lui montrant de la main les quatre escadrons, dits *escadrons de service,* qui formaient son escorte habituelle, il lui crie : « Letort, prenez mes escadrons, chargez et enfoncez tout cela ! » Le général Letort et les quatre escadrons partent; ils se jettent sur les carrés, les sabrent et les disloquent. Les Prussiens fuient, mais en vendant cher leur défaite : le général Letort venait d'être mortellement blessé.

Il était six heures du soir; Napoléon, impatient de s'assurer si tous les corps de l'armée avaient franchi la Sambre, revint à Charleroi; les soldats qu'il quittait prirent aussitôt leurs bivacs entre Fleurus et Gilly. Le mouvement dans cette direction se trouvait arrêté.

Ney, sur la route de Bruxelles, s'était avancé sur Frasnes avec le 2ᵉ corps (Reille), qu'il avait rencontré à Gosselies. Frasnes, quelques heures auparavant, n'était encore occupé que par un seul bataillon belge de la brigade du prince Bernard de Saxe-Weimar; mais ce général venait d'y accourir avec le reste de ses forces. Cette brigade comptait environ 4,000 hommes; son artillerie se composait de 6 pièces de canon. La présence d'une division de cavalerie légère de la garde, que le maréchal conduisait avec lui, suffit toutefois pour obliger le prince Bernard à la retraite; il se retira sur les Quatre-

---

[1] *Campagne de 1815*, écrite à Sainte-Hélène, par le général Gourgaud.

Bras. Ney, en suivant l'ennemi, pouvait s'emparer de cette position, distante de Frasnes d'environ cinq quarts de lieues ; il l'aurait immédiatement occupée sans avoir probablement à tirer un seul coup de fusil. Mais le bruit de l'artillerie qui grondait en arrière de son flanc droit, à Gilly, arrêta sa marche. Dans l'ignorance où il était de l'importance réelle de cet engagement, il craignit que ce combat ne vînt modifier les projets de l'Empereur et obliger Napoléon à le rappeler : le maréchal crut donc faire prudemment que de se tenir à la hauteur du canon, et, laissant à Frasnes une simple avant-garde, il revint à Gosselies, où il établit son quartier général. Les rapports de quelques officiers de cavalerie légère ne tardèrent cependant pas à lui faire connaître l'insignifiance de la canonnade de Gilly, ainsi que la retraite des Prussiens ; Ney pouvait reprendre son mouvement ; mais la nuit venait ; ses soldats établissaient leurs bivacs ; les Quatre-Bras, d'ailleurs, lui semblaient une position dont il s'emparerait dès qu'il voudrait s'y porter ; le maréchal jugea inutile d'imposer de nouvelles fatigues à ses régiments, et crut pouvoir annoncer à l'Empereur la complète exécution de ses ordres ; il lui fit dire « qu'il occupait les Quatre-Bras avec une avant-garde, et que ses masses campaient en arrière[1]. »

Pendant ce temps, le 4ᵉ corps, commandé par le comte Gérard, achevait, à son tour, de passer la Sambre et de s'établir en avant de Châtelet. Ce corps avait rencontré de mauvais chemins ; son avant-garde avait surpris d'assez bonne heure les détachements prussiens chargés de garder le pont ; mais il était presque nuit close lorsque les trois divisions qui le composaient se trouvèrent réunies sur la position.

La perte des Prussiens, dans cette première journée, fut de 2,000 hommes

---

[1] Général Gourgaud, *Campagne de 1815*. — L'ordre donné le 15 par l'Empereur au prince de la Moskowa pour l'occupation *immédiate* des Quatre-Bras, ainsi que l'avis transmis par ce maréchal pour annoncer qu'il se trouvait sur la position, sont deux faits qui ont donné lieu à des controverses animées. Comme ces communications ont l'une et l'autre été verbales, il était difficile d'apporter dans la discussion autre chose que de simples dires. Cependant il est une circonstance qui nous semble décisive en faveur de l'assertion du général Gourgaud et des détails si précis dont il l'appuie. La dépêche, expédiée le *15 juin au soir* de Charleroi pour Paris, et qui parut dans le *Moniteur* du 18, contient ce passage : « L'Empereur a donné le commandement de la gauche au prince de la Moskowa, qui a *eu le soir* son quartier général *aux Quatre-Chemins* sur la route de Bruxelles. » Cette dépêche, il ne faut pas l'oublier, publiée à Paris le 18 juin, fut écrite à Charleroi par le major général, le 15 au soir ; donc, ce soir-là, Ney avait annoncé au quartier impérial, ou fait connaître par un de ses officiers, qu'il avait son quartier général aux Quatre-Chemins (Quatre-Bras) sur la route de Bruxelles, direction que ce maréchal, évidemment, n'aurait point prise, mouvement qu'il n'aurait point fait, si Napoléon ne le lui avait positivement ordonné.

La relation du général Gourgaud, d'ailleurs, lui a été dictée à Sainte-Hélène par l'Empereur ; or Napoléon, on le sait, quand il ne taisait pas les fautes de ses lieutenants, les amoindrissait au lieu de les exagérer.

tués ou faits prisonniers, et de cinq pièces de canon ; la nôtre ne dépassa pas 80 blessés et un moindre nombre de morts. Ces résultats étaient peu considérables ; mais ils ouvraient heureusement la campagne. Napoléon, d'ailleurs, avait à peu près atteint son but. Par une des plus belles et

Le général comte Gérard.

des plus hardies manœuvres dont les annales militaires fassent mention, il venait de surprendre, avec une armée de 115,000 soldats, deux armées ennemies plus fortes du double que la sienne ; la barrière de la Sambre, en outre, se trouvait franchie ; et, campé avec toutes ses

Le général Girard blessé mortellement sur le plateau de Bry. — (Page 38).

forces à la gauche de Namur, sur la route directe de Charleroi à Bruxelles, il venait de se placer entre les quartiers généraux de Blücher et de Wellington et de percer leur ligne à son point de jonction.

JOURNÉE DU 16. *Bataille de Ligny. Affaire des Quatre-Bras.* —
Les différents corps de l'armée avaient éprouvé la veille, dans leur marche,
des retards que doit expliquer en partie le défilé de 115,000 hommes, infanterie, cavalerie, artillerie, par trois ponts d'un passage resserré et difficile.
Ces retards, et la nécessité où était l'Empereur de ne pas prendre un parti
avant d'avoir reçu les rapports de ses différents généraux sur la position
et sur la force des troupes ennemies placées devant eux, le retinrent pendant toute la matinée à Charleroi et ne lui permirent pas d'arrêter toutes
ses dispositions d'aussi bonne heure que l'intérêt de nos armes aurait pu
le demander. Ainsi le 4ᵉ corps, sous les ordres du comte Gérard, et le
corps de dragons, du général Excelmans, cantonnés tous deux soit à Châtelet, soit dans les villages voisins, et qui se tenaient prêts à marcher depuis
deux heures du matin, ne reçurent leur ordre de mouvement qu'à neuf
heures et demie [1]. Les autres corps ne furent également mis en marche
que très-tard, et il était dix heures quand l'Empereur quitta lui-même
Charleroi pour se rendre à Fleurus, que les Prussiens avaient abandonné
dans la nuit.

Le séjour de Napoléon à Charleroi fut marqué par une mesure qui devait
exercer une grande influence sur le sort de la campagne.

Jusque-là, chaque chef de corps recevait directement les ordres de
l'Empereur; à la vérité, les mouvements de l'armée étaient pour ainsi dire
concentriques, et tous les corps restaient sous la main de Napoléon, tandis
que, le lendemain, l'intervention probable de Wellington pouvait obliger
l'Empereur d'opérer simultanément dans deux directions et contre deux
armées différentes. Dans cette prévision, il crut nécessaire de placer sous les
ordres d'un seul chef les troupes chargées de contenir ou de combattre celle
des deux armées ennemies qu'il n'aurait point devant lui; et dans la nuit du
15 au 16, il avait fait de ses cinq corps, de sa garde et de ses réserves, trois
parts qu'il composa ainsi :

Aile gauche. — Maréchal NEY.

1ᵉʳ Corps. — Comte d'Erlon. — Infanterie, 16,220 hommes; cavalerie, 1,500 h.
2ᵉ Corps. — Comte Reille. — Infanterie, 21,100 hommes; cavalerie, 1,500 h.

---

[1] « Dans la matinée (entre huit et neuf heures), le général Excelmans vint me voir à
Châtelet, il avait ses troupes campées près des miennes. Je lui témoignai combien j'étais
contrarié de ne pas avoir encore mon *ordre de mouvement.* J'ajoutai que j'augurais mal de
ces retards; que, d'après ma manière de voir, ce n'était que par des mouvements rapides
qui nous amèneraient au milieu des cantonnements ennemis presque à leur insu que nous pour-
rions espérer de grands résultats. » (Maréchal Gérard, *Documents sur la bataille de Waterloo,*
page 49.)

Cavalerie *Desnouettes* (lanciers et chasseurs de la garde impériale), 2,120 hommes ; cuirassiers *Kellermann*, 2,610 h.

Artillerie à pied et à cheval, 2,400 h.

Total : 47,450 h. et 116 bouches à feu.

Aile droite. — Maréchal GROUCHY.

3e **Corps**. — **Comte Vandamme**. — Infanterie, 13,030 hommes ; cavalerie, 1,500 h.

4e **Corps**. — **Comte Gérard**. — Infanterie, 12,000 hommes ; cavalerie, 1,500 h.

Cavalerie *Pajol* (hussards et chasseurs), 2,520 h. ; cavalerie *Excelmans* (dragons), 2,600 h. ; cuirassiers *Milhaut*, 2,600 h.

Artillerie à pied et à cheval, 2,250 h.

Total : 38,000 h. et 112 bouches à feu.

Centre et réserve. — L'EMPEREUR.

6e **Corps**. — **Comte de Lobau**. — Infanterie, 11,000 hommes.

Garde impériale. — *Grenadiers*, 4,420 h. ; *chasseurs* ou *moyenne garde*, 4,250 h. ; *jeune garde*, 3,800 h. ; *grenadiers à cheval*, 1,000 h. ; *dragons*, 1 010 h.

Artillerie à pied et à cheval, 2,700 h.

Total du 6me corps et de la garde : 28,180 h. et 122 bouches à feu [1].

Les ordres expédiés de Charleroi, le 16 au matin, aux commandants des deux *ailes*, expliquent les dispositions arrêtées par l'Empereur aux premières heures de cette journée. On lit dans l'ordre adressé au maréchal Grouchy :

« Monsieur le maréchal, l'Empereur ordonne que vous vous mettiez en marche avec les 1er, 2e et 4e corps de cavalerie et que vous les dirigiez sur Sombref, *où vous prendrez position*. Je donne pareil ordre à M. le lieutenant général Vandamme pour le 3e corps d'infanterie, et à M. le lieutenant général Gérard pour le 4e ; et je préviens ces deux généraux qu'ils sont sous vos ordres, et qu'ils doivent vous envoyer des officiers pour vous instruire de leur marche et prendre des instructions... Je préviens aussi M. le général Gérard pour qu'il marche, bien réuni, à portée du 3e corps, et soit en mesure de concourir à *l'attaque de Sombref* si l'ennemi *fait résistance*.

« J'ai l'honneur de vous prévenir que M. le prince de la Moskowa reçoit ordre de se porter avec le 1er et le 2e corps à l'intersection des chemins dits les Quatre-Bras, sur la route de Bruxelles, et qu'il détachera un fort corps à Marbais pour se lier avec vous sur Sombref et seconder au besoin vos opérations... »

L'Empereur avait connu pendant la nuit le séjour du prince de la Moskowa

---

[1] Les 2,200 hommes des équipages et du génie ne sont point compris dans ces chiffres ; ils complètent l'effectif de l'armée tel qu'il était l'avant-veille, moins les quelques hommes tués ou blessés à Charleroi et à Gilly.

à Gosselies. Les retards éprouvés par une partie des troupes du maréchal dans leur marche pouvaient expliquer cette inaction ; aussi, dans le premier ordre transmis au chef de son *aile gauche,* Napoléon, après avoir annoncé au maréchal l'envoi, sur Gosselies, du corps de cuirassiers Kellermann qu'il mettait à sa disposition, se bornait à lui mander :

« Veuillez m'instruire si le 1er corps (Drouet-d'Erlon) a opéré son mouvement, et quelle est, ce matin, la position exacte des 1er et 2e corps et des deux divisions de cavalerie qui y sont attachées, en me faisant connaître ce qu'il y a d'ennemis devant vous et ce qu'on a appris. »

Quelques instants après, Ney recevait du major général un *ordre du mouvement*[1] dont nous citerons les passages suivants :

« Monsieur le maréchal, l'Empereur ordonne que vous mettiez en marche les 1er et 2e corps d'armée, ainsi que le 3e corps de cavalerie (cuirassiers Kellerman) qui a été mis à votre disposition, pour les diriger sur l'intersection des chemins dits les *Quatre-Bras,* route de Bruxelles, où vous leur ferez prendre position, et vous porterez en même temps des reconnaissances aussi avant que possible sur la route de Bruxelles et sur Nivelles, d'où l'ennemi s'est probablement retiré.

« Sa Majesté désire que, s'il n'y a pas d'inconvénient, vous établissiez une division avec de la cavalerie à Genape[2], et elle ordonne que vous portiez une autre division du côté de Marbais pour couvrir l'espace entre Sombref et les Quatre-Bras... Le corps qui sera à Marbais aura aussi pour objet d'appuyer les mouvements du maréchal Grouchy sur Sombref et de vous soutenir à la position des Quatre-Bras si cela devenait nécessaire. Vous recommanderez au général qui sera à Marbais de bien s'éclairer sur toutes les directions, particulièrement sur celles de *Gembloux* et de *Wavres...*

« J'ai l'honneur de vous prévenir que l'Empereur va se porter sur Sombref, où, d'après les ordres de Sa Majesté, M. le maréchal Grouchy doit se diriger avec les 3e et 4e corps d'infanterie et les 1er, 2e et 4e corps de cavalerie. M. le maréchal Grouchy fera occuper Gembloux.

« Je vous prie de me mettre tout de suite à même de rendre compte à l'Empereur de vos dispositions pour exécuter l'ordre que je vous envoie, ainsi que de tout ce que vous aurez appris sur l'ennemi. »

Pendant que le duc de Dalmatie expédiait cet ordre au prince de la Moskowa, Napoléon adressait personnellement à ce maréchal la lettre suivante :

« Charleroi, le 16 juin 1815.

« Mon cousin, je vous envoie mon aide de camp le général Flahaut, qui vous porte la présente lettre ; le major général a dû vous donner des ordres ; mais vous recevrez les

---

[1] Tous ces ordres et ceux que nous aurons à citer étaient signés du duc de Dalmatie, major général.

[2] A une lieue au delà des Quatre-Bras, sur la route de Bruxelles.

miens plus tôt, parce que mes officiers vont plus vite que les siens. Vous recevrez l'ordre de mouvement du jour; mais je veux vous *en écrire en détail,* parce que c'est *de la plus haute importance.*

« Je porte le maréchal Grouchy avec les 3ᵉ et 4ᵉ corps d'infanterie sur Sombref; je porte ma garde sur Fleurus, et j'y serai de ma personne avant midi. J'y attaquerai l'ennemi si je le rencontre, et j'éclairerai la route jusqu'à Gembloux. Là, d'après ce qui se passera, je prendrai mon parti, peut-être à trois heures après-midi, peut-être ce soir. Mon intention est qu'immédiatement après que j'aurai pris mon parti vous soyez prêt à marcher sur Bruxelles. Je vous appuierai avec la garde qui sera à Fleurus ou à Sombref, et je désirerais arriver à Bruxelles demain matin. Vous vous mettriez en marche ce soir même, si je prends mon parti d'assez bonne heure pour que vous puissiez en être informé de jour, de manière à faire ce soir trois ou quatre lieues, et à être demain à sept heures du matin à Bruxelles.

« Vous pouvez donc disposer vos troupes de la manière suivante : une division à deux lieues en avant des Quatre-Bras, s'il n'y a pas d'inconvénient; six divisions d'infanterie autour des Quatre-Bras, et une division à Marbais, afin que je puisse l'attirer

Blücher renversé de cheval près du moulin de Bry. — (Page 39).

à moi à Sombref si j'en avais besoin ; elle ne retarderait point d'ailleurs votre marche ; le corps du comte de Valmy, qui a 3,000 cuirassiers d'élite, à l'intersection de la Chaussée-Romaine et du chemin de Bruxelles, afin que je puisse l'attirer à moi, si j'en ai besoin ; aussitôt que mon parti sera pris, vous lui enverrez l'ordre de venir vous rejoindre.

« Je désirerais avoir avec moi la division de la garde que commande le général Lefebvre-Desnouettes, et je vous envoie les deux divisions du corps du comte de Valmy pour la remplacer. Mais, dans mon projet actuel, je préfère placer le comte de Valmy de manière à le rappeler si j'en avais besoin et ne point faire faire de fausses marches au général Lefebvre-Desnouettes, puisqu'il est probable que je me déciderai ce soir à marcher sur Bruxelles avec la garde. Cependant couvrez la division Lefebvre par les deux divisions de cavalerie de d'Erlon et de Reille, afin de ménager la garde, car, s'il y avait quelque échauffourée avec les Anglais, il est préférable que ce soit avec la ligne plutôt qu'avec la garde.

« J'ai adopté, pour principe général pendant cette campagne, de diviser mon armée en deux ailes et une réserve.

« Votre aile sera composée des quatre divisions du 1er corps, des quatre divisions du 2e corps, de deux divisions de cavalerie légère et des deux divisions du corps de Valmy. Cela ne doit pas être loin de 45 à 50,000 hommes. Le maréchal Grouchy aura à peu près la même force et commandera l'aile droite. La garde formera la réserve, et je me porterai sur l'une ou l'autre aile suivant les circonstances.

« Le major général donne les ordres les plus précis pour qu'il n'y ait aucune difficulté sur l'obéissance à vos ordres lorsque vous serez détaché, les commandants des corps devant prendre mes ordres directement quand je me trouve présent. Selon les circonstances, j'affaiblirai l'une ou l'autre aile en augmentant ma réserve.

« Vous sentez assez l'importance attachée à la *prise de Bruxelles*. Cela pourra d'ailleurs donner lieu à des incidents, car un mouvement aussi prompt et aussi brusque isolera l'armée anglaise de Mons, d'Ostende, etc.

« Je désire que vos dispositions soient bien faites pour qu'au premier ordre vos huit divisions puissent marcher rapidement et sans obstacle sur Bruxelles.

« NAPOLÉON. »

Nous avons reproduit cette lettre en entier, malgré son étendue, parce qu'elle fait connaître toute la pensée de l'Empereur dans les premières heures du 16 juin. La veille, Napoléon avait surpris les deux armées alliées ; à l'heure où le général de Flahaut écrivait sous la dictée de l'Empereur la lettre que nous venons de transcrire, Wellington et Blücher étaient probablement occupés à concentrer leurs forces. En portant ses deux ailes, fortes chacune de 40 à 45,000 hommes, au milieu de ces troupes en mouvement ; en ordonnant aux maréchaux Ney et Grouchy cette double marche presque parallèle, Napoléon pouvait donc espérer de rejeter, sans peine, les Anglais sur Bruxelles, les Prussiens sur Namur, puis, la séparation opérée et la capitale belge tombée en ses mains, d'avoir facilement raison de celui des deux généraux ennemis qu'il lui conviendrait de combattre.

En même temps que M. de Flahaut, parti du quartier impérial à neuf heures du matin, portait cette lettre au prince de la Moskowa, le duc de Dalmatie adressait à ce maréchal, par un officier de l'état-major général, le nouvel ordre suivant :

« MONSIEUR LE MARÉCHAL,

« Un officier de lanciers vient de dire à l'Empereur que l'ennemi présentait des masses du côté des Quatre-Bras. Réunissez les corps des comtes Reille et d'Erlon à celui du comte de Valmy (Kellerman), qui se met à l'instant en route pour vous joindre. Avec ces forces, vous devez *battre et détruire* tous les corps ennemis qui peuvent se présenter. BLÜCHER ÉTAIT HIER A NAMUR, et il *n'est pas vraisemblable* qu'il ait porté des troupes vers les Quatre-Bras; ainsi vous n'avez affaire qu'à ce qui vient de Bruxelles.

« Le maréchal Grouchy va faire le mouvement sur Sombref que je vous ai annoncé. L'Empereur *va se rendre à Fleurus;* c'est là où vous adresserez vos rapports à Sa Majesté. »

Ney, comme on le verra, ne devait avoir, en effet, devant lui, pendant la première moitié de la journée, que les détachements peu nombreux cantonnés aux Quatre-Bras et dans le voisinage; mais, si Blücher *était, la veille, à Namur,* en revanche, ce général se trouvait déjà en avant de Sombref, avec la presque totalité de son armée, lorsque Napoléon n'avait pas encore quitté Charleroi. L'arrivée de M. de Bourmont, vers les neuf heures du matin, au quartier général du feld-maréchal prussien, avait fait connaître à celui-ci le mouvement de nos troupes, *avant* même que les premiers postes de Ziethen fussent attaqués[1]. Des officiers, expédiés sur-le-champ dans toutes les directions, avaient transmis aux différentes divisions de Pirch, de Thielmann et de Bulow, l'ordre de se porter à marches forcées sur Fleurus. Bulow, cantonné à Liége, était trop éloigné pour arriver à temps; mais Thielmann et Pirch, en marchant une partie de la nuit, avaient rejoint, dès le matin du 16, les régiments de Ziethen. Blücher, lorsque ces deux corps arrivèrent, était déjà sur le terrain.

La surprise de l'Empereur fut donc extrême, lorsque, entré dans Fleurus, que nos soldats occupaient depuis le matin, on lui annonça la présence, entre Bry et Sombref, de masses prussiennes considérables. Dans ses calculs, la réunion de l'armée de Blücher ne pouvait avoir lieu que le lendemain 17. Il se porte aussitôt sur la ligne des vedettes et monte dans un moulin à vent qui

---

[1] M. de Bourmont, du point où il avait franchi la frontière à *six* heures du matin, pouvait arriver à Namur en moins de trois heures. Le général Jomini, dans son *Précis de la campagne de 1815,* dit « que ce fut à *dix heures du matin,* le 15, que Blücher fut instruit du danger qui menaçait Ziethen. »

domine la plaine[1] : ses regards interrogent avidement le terrain ; il les dirige sur Bry ; on ne l'avait point trompé : d'épais bataillons couvraient la terre en avant de ce village. Cet incident inattendu renversait toutes les espérances de Napoléon, annulait tous ses plans de la nuit et du matin, et, lorsque de Fleurus il comptait marcher sans obstacle sérieux sur Bruxelles, sa route se trouvait barrée par 95,000 Prussiens !

En portant sur ce point toutes les forces dont il pouvait disposer, le général en chef prussien abandonnait sa ligne d'opérations ; on pouvait reconnaître à ce mouvement l'audace accoutumée de Blücher ; ce général, au lieu d'être pris à l'improviste, surprenait l'Empereur en pleine marche, sa manœuvre avait évidemment pour but d'imposer à nos troupes et de gagner, en les arrêtant, le temps nécessaire pour le ralliement de ses quatre corps d'armée, ainsi que pour leur jonction avec l'armée anglaise. Napoléon, jusque-là, avait précisément manœuvré dans le but d'empêcher cette réunion ; il ne voulut point permettre aux généraux ennemis de l'opérer. Sa pensée fut promptement arrêtée : il résolut de livrer bataille sur-le-champ, et, si tous les ordres pour l'exécution de son nouveau plan, inspiration soudaine du génie, étaient suivis par ses généraux, la conquête de la Belgique devenait le fruit de cet incident imprévu ; l'audace même de Blücher décidait le succès de la campagne. De nouvelles dispositions furent immédiatement ordonnées aux corps de Vandamme et de Gérard ; au lieu de continuer leur mouvement sur Sombref, ces corps durent s'arrêter et faire un changement de front ; puis, lorsque vers les deux heures, l'*aile droite* eut terminé ses dispositions. l'Empereur transmit au chef de son *aile gauche* (Ney) le nouvel ordre suivant :

« En avant de Fleurus, le 16 juin 1815.

« MONSIEUR LE MARÉCHAL,

« L'Empereur me charge de vous prévenir que l'ennemi a réuni un corps de troupes entre Sombref et Bry, et qu'à deux heures et demie M. le maréchal Grouchy, avec les 3ᵉ et 4ᵉ corps, l'attaquera. L'intention de Sa Majesté est que vous attaquiez aussi ce qui est devant vous, et qu'après l'avoir vigoureusement poussé, vous *rabattiez sur nous* pour concourir à *envelopper* le corps dont je viens de vous parler. Si ce corps était enfoncé auparavant, alors Sa Majesté ferait manœuvrer dans votre direction pour hâter également vos opérations.

« Instruisez tout de suite l'Empereur de vos dispositions et de ce qui se passe sur votre front. »

---

[1] Ce moulin, où l'Empereur resta tant que la bataille ne fut pas commencée, est situé en arrière de Fleurus, sur la gauche de la route qui conduit à Sombref. Il ne travaille plus, mais la tour est encore debout.

De Fleurus à Frasnes, où le maréchal s'était porté vers les dix heures et demie du matin, on compte deux lieues et demie environ. C'était à neuf heures que l'officier, chargé par le major général de renouveler au prince de

Le maréchal Ney.

la Moskowa l'ordre de prendre position sur les Quatre-Bras et d'établir une division avec de la cavalerie à une lieue plus loin, à Genape, avait quitté Fleurus. M. de Flahaut, envoyé directement par Napoléon, était parti de cette ville à la même heure. En admettant que l'un et l'autre eussent passé même par Gosselies, ils devaient avoir rejoint le maréchal au plus tard à onze heures. Or il était deux heures de l'après-midi lorsque l'Empereur faisait transmettre au prince de la Moskowa l'ordre qu'on vient de lire : à cette heure, le maréchal Ney, dans la pensée de Napoléon, devait donc se trouver établi sur les Quatre-Bras ; cependant l'Empereur, avant d'engager la bataille, voulait avoir la certitude que le chef de son aile gauche, quand lui arriverait l'ordre ci-dessus, était en mesure de *se rabattre sur Bry* et de concourir au succès du plan qu'il venait d'arrêter. Il attendit pendant une heure ; mais pas de nouvelles[1] ; le temps s'écoulait ; un plus long retard pouvait devenir dangereux ; à trois heures l'Empereur ordonna l'attaque ; un quart d'heure après, il faisait encore expédier au prince de la Moskowa l'ordre suivant :

> *« En avant de Fleurus, le 16 juin,*
> *à trois heures un quart.*

« Monsieur le Maréchal,

« Je vous ai écrit il y a une heure que l'Empereur ferait attaquer l'ennemi à deux heures et demie dans la position qu'il a prise entre Bry et Sombref. En ce moment l'engagement est très-prononcé. Sa Majesté me charge de vous dire que vous devez manœuvrer *sur-le-champ* de manière à *envelopper la droite* de l'ennemi et à *tomber à bras raccourcis* sur ses derrières. Cette armée est perdue si vous agissez vigoureusement ; le sort de la France est dans vos mains. Ainsi, n'*hésitez pas un instant* à faire le mouvement que l'Empereur vous ordonne, et dirigez-vous sur les hauteurs de Bry et de Saint-Amand pour concourir à une victoire peut-être décisive. »

---

[1] Nous lisons dans une lettre particulière les détails suivants sur l'immobilité du maréchal Ney, dans la première moitié de la journée du 16 : « L'Empereur avait donné l'ordre au prince de la Moskowa d'attaquer et de s'emparer de la position des Quatre-Bras, de très-grand matin ; à huit heures sonnant, n'entendant pas la canonnade, il fit appeler un de ses aides de camp : « Bussy, lui dit-il, le maréchal Ney n'attaque pas ; allez savoir pourquoi, et renouvelez-lui mon ordre. » Le colonel se rendit en toute hâte auprès du maréchal, qui lui répondit : « Mes dispositions ne sont pas faites ; toutes mes troupes ne sont pas arrivées, l'ennemi est en force : je ne peux attaquer. » Le colonel, ne croyant pas pouvoir porter une pareille réponse à l'Empereur sans s'être assuré préalablement de la position de l'ennemi, se rendit auprès du général Colbert et lui demanda un détachement pour aller reconnaître l'ennemi ; Colbert voulut l'accompagner, et tous les deux, dans cette reconnaissance, purent s'assurer que les Quatre-Bras n'étaient occupés que par quelques bataillons alliés. Le colonel Bussy revint auprès du prince de la Moskowa et lui dit, qu'à son avis, rien ne serait plus facile que de s'emparer de la position : « Je vous ai déjà dit, répondit le maréchal, que mes dispositions ne sont pas faites ; mon artillerie même n'est pas arrivée ; je n'attaquerai pas. » Le colonel Bussy s'éloigna pour venir rejoindre l'Empereur, et trouva, en chemin, le général Flahaut, qui lui dit : « L'Empereur est fort inquiet de ne pas vous voir revenir ; il s'impatiente de ce que le maréchal Ney n'attaque pas, et je suis chargé de lui en porter l'ordre de nouveau. » Le colonel fit connaître à M. de Flahaut le résultat de sa propre mission, lui souhaita d'être plus heureux que lui, et reprit sa course vers l'Empereur, qui, en le voyant, s'écria : « Pourquoi Ney n'attaque-t-il pas ? » Le colonel lui rendit compte de ce dont il avait été témoin : en entendant les dernières paroles du maréchal, l'Empereur ne put retenir un mouvement d'une grande violence. »

Cet ordre fut confié au colonel Forbin-Janson. L'Empereur, en le lui remettant, lui répéta ces mots de la dépêche : « Dites bien au maréchal que le sort de la France est dans ses mains. » — « Il se peut que dans trois heures le sort de la guerre soit décidé, ajouta Napoléon en s'adressant au comte Gérard, qui venait lui demander ses dernières instructions ; si Ney exécute bien mes ordres, il ne s'échappera pas un canon de l'armée prussienne ; elle est prise en flagrant délit. » La position de Blücher, en effet, était critique : devant lui, Napoléon avec les 66,000 hommes de son *aile droite* et de son *centre ;* puis, circonstance que le feld-maréchal prussien ignorait, sur ses derrières, à moins de deux lieues et demie de ses positions, séparés seulement de son armée par une facile et vaste plaine, et pouvant le prendre à dos au plus fort de la bataille, les 47,000 soldats du maréchal Ney. La destruction de l'armée prussienne, en cas d'intervention de l'un des corps de l'*aile gauche,* était aux yeux de l'Empereur un résultat tellement certain, que, peu d'instants après le départ du colonel Forbin, et impatient d'assurer cette intervention, il chargea son aide de camp, le général Labédoyère, de porter encore au maréchal Ney quelques mots écrits *au crayon* et dans lesquels, précisant davantage ses derniers ordres, il lui disait : « que s'il était trop fortement engagé pour quitter ses positions, il devait se borner à les maintenir avec le 2ᵉ corps (Reille), et diriger *sans perdre un instant* le corps de Drouet-d'Erlon sur son champ de bataille. » Labédoyère partit.

La plaine de Fleurus, à une demi-lieue au nord de cette ville, est brusquement terminée par un large et profond ravin demi-circulaire qui, prenant naissance à l'extrémité occidentale de Saint-Amand, longe ce village et gagne ensuite celui de Ligny en contournant le pied d'un plateau en amphithéâtre, dont le petit village de Bry occupe le sommet. C'était sur ce plateau, en arrière du ravin dont les deux extrémités sont couvertes et défendues par Ligny et par Saint-Amand, que Blücher avait pris position. Le terrain, entre les deux villages, est complétement découvert ; il laissait un libre jeu au canon des deux armées. Les régiments prussiens, massés en avant de Bry, avaient leur front protégé par une nombreuse artillerie battant la plaine de Fleurus ; leurs deux ailes, appuyées sur Saint-Amand et sur Ligny, occupaient en force les jardins et les maisons de ces deux communes. Composée des corps de Ziethen, Pirch et Thielmann, cette armée s'élevait à 95,000 hommes, les pertes de la veille défalquées. L'armée française, composée des seules troupes de la *droite* et de la *garde impériale* et de la division Girard du 2ᵉ corps, ne comptait que 60,000 combattants[1] ; elle était rangée en avant de Fleurus, faisant face sur

<hr>

[1] Voyez plus haut, page 23, la composition de la *droite* et de la *garde impériale ;* leurs

tous les points de la ligne aux positions occupées par l'ennemi. Le ravin, avec Saint-Amand et Ligny à chacune de ses extrémités, se trouvait entre deux.

Lorsque Napoléon, las d'attendre des nouvelles de Ney, s'était enfin décidé à donner le signal de l'attaque, il n'avait engagé que les deux corps d'infanterie de son *aile droite*. Le corps de Vandamme (3°) s'était porté sur Saint-Amand; celui du comte Gérard (4°) s'était avancé sur Ligny. Saint-Amand, long village assis sur le versant du ravin opposé au plateau de Bry et sur la rive droite d'un petit ruisseau qui coule au fond de la coupure, était le point de la ligne de défense des Prussiens le plus rapproché de Fleurus; il fut abordé le premier [1]. Les maisons de Saint-Amand, isolées les unes des autres, comme celles d'un grand nombre de villages de la Belgique, sont assises au milieu de jardins et de vergers appelés *pâtures* et que couvrent quantité d'arbres fruitiers ou de haute futaie. En 1815, la multitude de ces arbres autour de Saint-Amand donnait à l'emplacement qu'il occupe l'apparence du bois le plus épais [2]. Seules, l'église et quelques maisons qui l'entourent, placées à l'extrémité qui regarde Ligny, se montraient à nos troupes. Vandamme se porta sur ce point. Ses soldats, impatients de leur longue inaction, accueillirent avec de longs cris de joie l'ordre d'aller à l'ennemi, et s'avancèrent à pas rapides.

Le plus profond silence régnait sur la ligne prussienne, ont dit les habitants de Saint-Amand, quand trois coups de canon, tirés à intervalles égaux, éclatèrent dans la direction de Fleurus. Au même moment, des chants, les sons d'une musique guerrière, de longues acclamations se firent entendre au loin dans la plaine. Les soldats de Blücher, embusqués derrière le rideau de haies et d'arbres placés en avant du village, se tenaient immobiles, la main sur la détente de leurs fusils; cependant les chants, les airs, les acclamations,

---

orces réunies n'étaient que de 55,000 hommes; mais la division Girard, détachée le matin du 2° corps, et réunie aux troupes de Vandamme, comptait 5,000 hommes. Le 6° corps (comte de Lobau), formant avec la garde impériale le *centre* proprement dit, et laissé le matin, par l'Empereur, à Charleroi, fut appelé dans la journée à Fleurus; mais il y resta en réserve et ne prit aucune part à la bataille.

[1] Le village de Saint-Amand, bien que la ligne de ses habitations soit continue, prend deux noms : une moitié, la plus rapprochée de Fleurus, celle où se trouve l'église, est Saint-Amand proprement dit; l'autre partie, la plus rapprochée de Bry, s'appelle Saint-Amand-la-Haye, du nom du château de la *Haye*, qui s'y trouve enclavé, et qui appartenait, en 1815, au comte de Croix, ancien sénateur et pair de France. Le ruisseau qui coule au fond du ravin a sa source dans la cour d'une ferme située à l'extrémité de Saint-Amand-la-Haye; on lui donne le nom de ruisseau de Saint-Amand ou de Ligny, selon qu'il traverse le territoire de ces deux communes.

[2] Quelques narrations parlent du bois de Saint-Amand; ce bois n'a jamais existé. On a pris pour un bois l'épais *couvert* dont nous parlons. Les arbres qui le formaient ont presque tous été coupés de 1818 à 1822. La plus grande partie de Saint-Amand est aujourd'hui à découvert.

Le dragon et l'Empereur. — Page 50).

Les Quatre-Bras. — (Page 44).

se rapprochaient ; bientôt ils arrivèrent plus distincts ; on put saisir les paroles ; le cri de *Vive l'Empereur!* dominait ; les Prussiens, alors, devinrent plus attentifs. Tout à coup un feu roulant de mousqueterie éclate et couvre toutes les voix : c'était l'ennemi qui tirait à brûle-pourpoint sur nos soldats. Ceux-ci, loin de s'arrêter, s'élancent. L'église, son cimetière, les maisons les plus voisines, sont immédiatement emportés. De ce point, la lutte s'étend dans les jardins, dans les vergers. Chaque arbre, chaque fossé, chaque clôture, sont attaqués et défendus ; on se fusille à bout portant. La rencontre d'une maison, sous cet épais fourré où le soleil pénétrait à peine, était une bonne fortune pour les combattants : là, point de retraite possible ; on ne tirait pas, on se poursuivait, on luttait corps à corps, on se tuait à coups de baïonnette dans les chambres, dans les greniers, jusque dans les caves. Les Prussiens, malgré l'énergie de leur résistance, furent à la fin rejetés sur le ruisseau. La possession de ce mince filet d'eau, coulant au fond d'un fossé taillé à pic et dont les bords, sur toute l'étendue du village, n'ont pas moins de 2 à 3 pieds d'élévation, devint l'objet d'efforts longs et acharnés. Nos soldats s'en étaient cependant rendus maîtres, et déjà ils posaient le pied sur le plateau de Bry, lorsque Blücher, accouru, de sa personne, à la tête de plusieurs bataillons de sa réserve, réussit, par un violent effort, à rejeter nos régiments sur le bord opposé.

Tandis que ces combats se livraient sur la gauche de notre ligne, la lutte, à notre droite, n'était pas moins acharnée. Si la nature du terrain, à Saint-Amand, faisait obstacle à l'intervention de la cavalerie et de l'artillerie, et ne laissait aux troupes engagées sur ce point que la ressource d'efforts pour ainsi dire individuels, il n'en était pas de même à Ligny, grand et fort village, où une large rue, de vastes enclos découverts, des fermes spacieuses, permettaient aux combattants de se mêler par masses.

Nous avons dit que le comte Gérard n'avait reçu son ordre de mouvement qu'à neuf heures et demie du matin. Ses troupes, qu'il tenait prêtes depuis l'aube du jour, se mirent aussitôt en marche et ne tardèrent pas à arriver sur la droite de Fleurus. Gérard profita du moment où elles prenaient quelque repos pour reconnaître le terrain[1]. Il apprend, en rentrant dans ses

---

[1] Cette reconnaissance faillit coûter au chef du 4ᵉ corps la vie ou la liberté. Il venait de parcourir la plus grande partie de la plaine, accompagné du général Saint-Remy, son chef d'état-major, de plusieurs aides de camp et de quelques hussards du 6ᵉ, quand, à peu de distance des lignes prussiennes, un gros de cavalerie ennemie se dirigea sur lui. Le général et son escorte s'éloignèrent de toute la vitesse de leurs chevaux. Dans cette course rapide, sur un terrain coupé de fossés et couvert de blés très-élevés et très-épais, le cheval du comte Gérard s'abat et désarçonne son cavalier. Tout ce qui accompagne le général fait aussitôt volte-face et met le sabre à la main. L'ennemi arrive sur le groupe français ; on se mêle. L'aide de camp Lafontaine, après avoir

lignes, l'arrivée de l'Empereur sur le champ de bataille. Le général se porte aussitôt près de Napoléon, qui se trouvait en ce moment dans la partie supérieure du moulin à vent dont nous avons parlé; le général Gourgaud aperçoit le chef du 4ᵉ corps; il avertit l'Empereur, qui fait immédiatement monter Gérard : « Eh bien, Gérard, lui dit-il en le voyant, votre fameux Bourmont est donc redevenu chouan? Davoust avait bien raison de me dire qu'au moment du danger cet homme nous abandonnerait! » Le général exprima ses regrets : « Il s'était si bien conduit jusque-là, disait le chef du 4ᵉ corps, que tout autre à sa place aurait été également trompé. » L'Empereur répéta alors le mot qu'il avait dit, à ce sujet, au maréchal Ney : *Les blancs sont les blancs, les bleus sont les bleus*; puis, prenant en souriant le général par un de ses favoris, il le conduisit à la lucarne du moulin, et, lui montrant du doigt le clocher de l'église de Ligny, il lui dit : « Monsieur le général en chef du 4ᵉ corps, vous voyez bien ce clocher, au delà du ravin : voilà votre point de direction. Partez et enlevez ce village. »

Le général Gérard et ses soldats devaient justifier la confiance de l'Empereur : le corps que ce général allait conduire à l'ennemi se composait de 12,000 hommes d'infanterie formant trois divisions commandées par les généraux Vichery, Péchoux et Hulot (en remplacement du général Bourmont), et d'une division de cavalerie aux ordres du général Maurin[1].

L'ennemi avait employé toute la matinée à créneler les maisons de Ligny qui bordent le ravin venant de Saint-Amand et à semer d'obstacles le passage du ruisseau. Attaqués par les troupes de Gérard avec une impétuosité qu'exaltait jusqu'à la frénésie la désertion accomplie au milieu d'elles la veille au matin, les Prussiens se défendirent avec fureur. Durant plusieurs heures les deux partis, tantôt vainqueurs, tantôt vaincus, jamais lassés, se disputèrent corps à corps, pied à pied, la possession de chacune des positions qui couvraient le village et le ravin. L'artillerie, mêlant les coups de ses obus et de

---

tué deux lanciers prussiens et brisé son sabre sur un troisième, qu'il achève avec le tronçon, reçoit à bout portant une balle de pistolet dans les reins. Le général de Saint-Remy, grièvement blessé de plusieurs coups de lance, ainsi que quelques hussards de l'escorte, est mis à son tour hors de combat. Au milieu de la mêlée, un autre aide de camp, le capitaine Duperron, n'écoutant que son dévouement, descend de cheval et veut faire monter le général à sa place. Mais l'animation des chevaux et des hommes est si grande, on se bat de si près, que le général Gérard ne peut parvenir à se remettre en selle. Cette lutte inégale aurait eu probablement une issue funeste, si un régiment de chasseurs, placé aux avant-postes et commandé par le fils du maréchal Grouchy, accourant aux coups de feu, ne fût venu dégager le chef du 4ᵉ corps et sa petite troupe.

[1] L'ancienne division Bourmont portait le nᵒ 14 (voyez page 401) : elle était composée de quatre régiments d'infanterie : le 9ᵉ léger, colonel Beonne; 44ᵉ de ligne, colonel Paulmi; 50ᵉ de ligne, colonel Lavigne; 111ᵉ de ligne, colonel Sauzet. Le chef d'escadron Bonaffos commandait l'artillerie; le capitaine Blives, le génie.

ses boulets à la mousqueterie des fantassins, jeta l'incendie dans plusieurs
fermes placées à l'extrémité de Ligny. Les flammes étaient impuissantes pour
arrêter les efforts des soldats engagés dans ces édifices : on les voyait se
fusiller, se poursuivre à la baïonnette, se frapper à coups de crosse au milieu
des chambres, des granges et des écuries en feu. « Il semblait que chacun
d'eux eût rencontré dans son adversaire un ennemi mortel et se réjouît de
trouver enfin le moment de la vengeance. Nul ne demandait quartier [1]. » Le
village fut pris et repris quatre fois. « Ce combat peut être considéré comme
un des plus acharnés dont l'histoire fasse mention, » a dit Blücher dans son
rapport sur cette journée. — « Le comte Gérard s'y couvrit de gloire et y montra autant d'intrépidité que de talent, » ajoute Napoléon dans ses Mémoires
dictés à Sainte-Hélène.

En même temps que le 3ᵉ et le 4ᵉ corps essayaient de forcer le passage
aux deux extrémités du ravin, l'artillerie de l'une et l'autre armée, forte de
200 pièces de chaque côté, et placée entre les deux villages, échangeait son
feu, mais avec des résultats différents. Les régiments destinés à protéger nos
batteries, masqués par des plis de terrain, n'éprouvaient aucun dommage ;
ceux de l'ennemi, au contraire, réunis et disposés en amphithéâtre en avant
de Bry, essuyaient des pertes énormes : pas un des coups dirigés sur ces
masses à découvert n'était perdu.

Cependant la garde impériale demeurait immobile. Napoléon, l'attention
toujours tendue vers les plaines, à la gauche de Bry, réservait cette troupe
d'élite pour la faire concourir, avec les régiments envoyés ou conduits par
Ney, à la complète destruction de l'armée prussienne. destruction inévitable,
si une partie des forces du prince de la Moskowa, comme Napoléon l'espérait,
prenait enfin Blücher à dos. A cinq heures, rien ne paraissait encore ; on ne
recevait aucune nouvelle, on ne recueillait pas le moindre bruit. Il pouvait y
avoir péril à laisser plus longtemps les 30,000 fantassins de Vandamme et de
Gérard aux prises avec des forces trois fois plus nombreuses. Le général
Gourgaud, chargé de suivre, comme aide de camp de l'Empereur, l'attaque
de Ligny, venait d'annoncer que les réserves du 4ᵉ corps étaient engagées
jusqu'au dernier homme. La journée, d'ailleurs, s'avançait. Napoléon se décida
à faire intervenir enfin sa garde : à cinq heures et demie, il donna ses ordres,
et cette troupe se mit en mouvement. A cet instant, plusieurs officiers dépêchés
par Vandamme accourent à l'Empereur et lui annoncent l'apparition, à la
gauche du 3ᵉ corps, d'une colonne de 25 à 30.000 hommes environ, infanterie, cavalerie, artillerie. qui se dirigeait vers Fleurus. Quel était ce corps

[1] *Journal militaire autrichien.* — Vienne, 1819.

Le chasseur noir prussien amené devant l'Empereur. — (Page 68).

d'armée? Ce ne pouvait être le *détachement* envoyé ou conduit par Ney, car les troupes de ce maréchal, parties des Quatre-Bras, seraient arrivées par une

Attaque du château d'Hougoumont. — (Page 71).

direction différente; au lieu de descendre vers Fleurus, elles auraient débouché beaucoup plus haut, au delà de Bry, entre ce village et Ligny. Était-ce une colonne ennemie? A quelle nation appartenaient ses soldats? Ils étaient Anglais. affirmaient les officiers de Vandamme; on les avait positivement reconnus; il y a plus, ajoutaient-ils; déjà, une de nos divisions s'était retirée devant eux, et, si la réserve n'arrivait pas, le 3ᵉ corps tout entier serait obligé d'évacuer Saint-Amand et de battre en retraite. La marche de cette armée paraissait inexplicable à Napoléon; elle avait donc passé entre Ney et Blücher, ou bien entre les Quatre-Bras et Charleroi? Le mouvement ordonné à la garde et déjà commencé fut immédiatement suspendu; cette troupe d'élite fit halte et dut se préparer à faire face à ces nouveaux adversaires. Pendant que Napoléon prenait ses dispositions dans ce but, des officiers de l'état-major général se portèrent au galop dans la direction de la colonne inconnue. Au bout d'une heure, ces officiers revinrent. Chose étrange! cette colonne, qui tenait ainsi en émoi l'Empereur et tous les généraux qui l'entouraient, ne se montrait plus : on l'avait successivement vue revenir sur ses pas, s'arrêter quelque temps sur le champ de bataille, s'éloigner, puis disparaître.

La bataille n'avait commencé qu'à trois heures. Une heure et demie venait encore de s'écouler dans une attente vaine. Une plus longue inaction pouvait compromettre le succès de la journée. A sept heures du soir, l'Empereur reprit la manœuvre qu'il avait suspendue : l'infanterie de la garde et une partie des cuirassiers Milhaut furent dirigés sur Ligny; le reste des cuirassiers, les grenadiers à cheval et les dragons reçurent l'ordre de se porter sur Saint-Amand, de gagner, à l'extrémité de ce village, la naissance du ravin, et de balayer les masses prussiennes groupées près du moulin de Bry, sommité du plateau. Les troupes de Vandamme étaient obligées de faire un nouvel et violent effort pour faciliter le mouvement de cette cavalerie; ce fut la division du général Girard que l'Empereur chargea d'ouvrir le passage[1]. Girard, soldat intrépide, doué de la bravoure la plus brillante, se met à la tête de ses soldats, les entraîne, culbute à la baïonnette tout ce qui veut s'opposer à sa marche, franchit le ravin et s'élance sur le plateau où il tombe mortellement blessé[2].

Blücher, à la vue des troupes de sa droite qui se retirent en désordre, rassemble quelques escadrons pour arrêter les soldats de Girard. Dans ce moment, la brigade de cuirassiers qui venait de traverser Saint-Amand débouchait à la naissance du ravin; ces deux régiments s'élancent sur la cavalerie

[1] La division Girard formait la 4ᵉ du 2ᵉ corps (Reille). Comme elle avait campé, pendant la nuit, à Heppignies, près de Saint-Amand, l'Empereur l'avait détachée de *l'aile gauche* dans le but de tourner ce dernier village. Cette division tenait l'extrême gauche de Vandamme, et l'infanterie de ce dernier, par cette adjonction, se trouvait portée de 13,000 hommes à 18,000.

[2] Le général Girard, blessé de deux balles dans le corps à Lutzen, n'avait pas voulu se retirer, et était resté avec ses troupes jusqu'à la fin de la bataille.

du feld-maréchal prussien, la désorganisent et la sabrent ; Blücher veut rallier ses soldats ; il est renversé de cheval. Nos escadrons lui passent sur le corps ; bientôt ils sont ramenés, et Blücher toujours étendu sous sa monture, est foulé une seconde fois par eux ; les cavaliers prussiens qui poursuivent nos cuirassiers, et que l'obscurité empêche de reconnaître leur général, le touchent à leur tour du pied de leurs chevaux. Pendant un quart d'heure, Blücher resta, tout meurtri, au pouvoir de nos troupes ; quand elles furent éloignées, il put enfin se dégager. Mais, s'il rejoint les siens, c'est pour voir leur défaite. Les régiments du comte Gérard (4ᵉ corps), soutenus par l'infanterie de la garde, appuyés par des charges de cavalerie que conduisaient les généraux Excelmans et Pajol, venaient de forcer tous les passages, d'emporter Ligny et de franchir, à leur tour, le ravin. Une fois le plateau envahi sur deux points, les Prussiens essayèrent vainement de tenir. Abordés à la baïonnette par l'infanterie, sabrés par la cavalerie, écrasés, ils lâchèrent pied partout, et, à neuf heures du soir, se retirèrent en désordre sur Sombref. Moins de 60,000 hommes venaient d'en battre 95,000. La bataille de Ligny était gagnée[1].

Ney, à moins de trois lieues de là, aux Quatre-Bras, ne devait pas avoir le même succès. Ce fut entre onze heures et demie et midi que ce maréchal reçut, à Frasnes, les ordres envoyés de Fleurus par la voie de l'état-major général ou apportés directement par M. de Flahaut. Le prince de la Moskowa ignorait le nombre et la force des troupes anglaises placées devant lui. Décidé à ne rien tenter de sérieux avant l'arrivée du 1ᵉʳ corps, qui était resté la veille au soir et le matin entre Marchiennes et Gosselies, et auquel il venait d'envoyer l'ordre de le joindre, il se contenta de déployer ses tirailleurs. Les forces que le maréchal avait alors avec lui se composaient des trois divisions d'infanterie, Foy, Jérôme et Bachelu[2], des deux divisions de cavalerie, Jacquinot et Piré, et du corps de cuirassiers commandé par le général Kellermann, en tout 22,000 hommes environ de toutes armes, et 56 pièces de canon. Ces forces, à ce moment, étaient plus que suffisantes pour culbuter ce que Ney avait devant lui, et pour enlever les Quatre-Bras ; le moindre effort lui donnait cette position.

---

[1] Blücher tomba de cheval près d'un moulin à vent, dit le *Moulin de Bry*. Voici en quels termes son major général Gneizenau raconte cet incident dans son rapport officiel sur la journée du 16 : « Une charge de cavalerie qu'il conduisait (Blücher) ne réussit point, et la cavalerie ennemie le poursuivit vigoureusement. Son cheval ayant été atteint d'un coup de mousquet, tomba mort. Le feld-maréchal, étourdi de sa chute, resta engagé sous son cheval. Le danger était grand, mais la Providence veillait sur nous. L'ennemi, continuant sa charge, passa rapidement près du feld-maréchal sans le voir. Un moment après, une seconde charge de cavalerie repoussa l'ennemi, qui passa avec la même rapidité sans remarquer davantage le feld-maréchal. Ce ne fut pas sans difficulté qu'on le releva de dessous son cheval mort : il s'éloigna sur le cheval d'un dragon. »

[2] La 4ᵉ division d'infanterie du 2ᵉ corps, la division Girard, avait été détachée le matin par l'Empereur, comme on l'a vu dans la note de la page 38, pour tenir à Saint-Amand l'extrême gauche du corps de Vandamme.

Les Quatre-Bras, pendant toute la nuit, avaient été gardés par la seule brigade du prince de Saxe-Weimar, chassée la veille au soir de Frasnes, et que vinrent seuls renforcer, vers les six heures du matin, un bataillon de chasseurs hollandais et un bataillon de milice. A dix heures, le prince d'Orange amena de Nivelles le reste de la seconde brigade de la division hollandaise Perponcher[1]. L'ennemi, à cette heure de la matinée, pouvait compter 8,000 hommes ; mais cette force, jusqu'à deux heures et demie de l'après-midi, ne devait pas être augmentée d'un seul peloton. Ces 8,000 hommes, attaqués vers midi, ainsi que nous venons de le dire, par un simple rideau de tirailleurs, purent donc se maintenir sans efforts dans la partie de la forêt de Nivelles qui couvrait leur position[2].

L'Empereur, en confiant, la veille, à Ney les troupes de son *aile gauche*, et en lui ordonnant de se porter immédiatement sur les cantonnements anglais, avait compté sur l'ancienne impétuosité de ce maréchal. Mais, poursuivi par le souvenir de ses emportements de Fontainebleau et de ses brusques transitions lors du retour de l'île d'Elbe; convaincu que la moindre faute devait emprunter à son passé une gravité exceptionnelle, Ney avait pris une telle défiance de lui-même, que, redoutant de mal faire, il n'osait rien hasarder. Comme tous les caractères faibles, il se tenait dans les extrêmes; et si, comme soldat, il restait le brave des braves, comme chef et lorsque l'Empereur avait précisément calculé sur sa fougue et sur son audace, il s'imposait une circonspection qui devenait presque de la timidité[3]. Ney, d'ailleurs, pour se révéler,

---

[1] La division hollandaise commandée par le lieutenant général Perponcher, cantonnée à Nivelles, à Genape, à Frasnes et dans les villages intermédiaires, se composait de deux brigades fortes chacune de 4,000 hommes et d'une batterie d'artillerie. Ces brigades étaient placées sous es ordres du prince Bernard de Saxe-Weimar et du major général Van Byland.

[2] La forêt de Nivelles se prolongeait entre Frasnes et les Quatre-Bras, jusqu'à la chaussée de Namur. Cette forêt, dont 1,200 bonniers (3,000 arpents) furent donnés par le roi Guillaume au duc de Wellington, comme une récompense de sa victoire de Waterloo, fut vendue, après 1815, par le gouvernement des Pays-Bas. Les acquéreurs l'ont défrichée; elle n'existe plus. Il est difficile, lorsqu'on ignore ce détail, de comprendre, à l'aspect actuel de ces lieux, la longue inaction de Ney et même l'impuissance de ses premiers efforts. Une fabrique, deux fermes et une auberge, assises sur le point culminant d'un plateau complétement nu et d'où le regard n'embrasse que des terres labourables, voilà quelle est aujourd'hui la position des Quatre-Bras. — La plupart des narrations donnent à la partie de la forêt de Nivelles qui s'étendait entre Frasnes et les Quatre-Bras le nom de *Bois-de-Bossu*.

[3] Des circonstances toutes matérielles et dont il faut tenir grand compte ont influé sur les tàtonnements du maréchal. Arrivé en poste de Paris à Charleroi, la veille, sans officiers, sans équipages, même sans chevaux, Ney, ainsi pris à l'improviste, fut obligé de se former un état-major en quelques heures et de le composer au hasard. Jamais, en outre, il n'avait vu les divisions placées sous son commandement; il en connaissait à peine quelques chefs et ne savait rien de l'emplacement qu'elles occupaient. Si le 1er et le 2e corps avaient été sous les ordres du prince de la Moskowa depuis plusieurs jours, s'il avait dirigé leurs mouvements antérieurs, il est fort probable que ce maréchal aurait occupé les Quatre-Bras dès le 15 au soir.

La Haie-Sainte. — (Page 71).

avait besoin de l'excitation du feu de la bataille. C'était un de ces rares cou-
rages à qui le sang-froid n'arrive, dont les facultés ne s'épanouissent qu'au

Mont Saint-Jean. — (Page 72)

bruit des détonations de l'artillerie. Aussi, quand, vers trois heures un quart
de l'après-midi, lorsque depuis la veille, sept heures du soir, depuis vingt
heures, ses troupes se tenaient arrêtées à moins de 2.000 toises des Quatre-
Bras, le maréchal entendit sur sa droite la furieuse canonnade de Ligny, il
redevint soudainement lui-même; son énergie se réveilla; et, bien que la
moitié de ses forces seulement fût sous sa main, il cessa d'hésiter, et aborda
franchement l'ennemi. Ses troupes étaient pleines d'ardeur et d'enthousiasme.
Ce fut la division Foy qui commença l'attaque. Les tirailleurs et les avant-
postes du prince d'Orange, vigoureusement abordés par elle, se replièrent;
mais ce qui n'offrait aucun obstacle jusqu'à deux heures et demie, ce qui
resta possible depuis deux heures et demie jusqu'à quatre, allait devenir, à
dater de ce dernier moment, hors du pouvoir du maréchal.

La veille au soir, Wellington était encore dans la sécurité la plus profonde. L'armée française manœuvrait depuis trois jours à portée de ses avant-
postes; elle avait, depuis vingt-quatre heures, commencé les hostilités, et le
quartier général impérial était depuis douze heures à Charleroi, lorsque le
général anglais connut l'irruption de Napoléon en Belgique[1]. Cette nouvelle
le surprit à Bruxelles, la nuit, au milieu d'une fête donnée par sa compa-
triote, la duchesse de Richemond : lorsqu'on la lui annonça, il causait, dans
l'embrasure d'une fenêtre, avec le duc de Brunswick. Wellington devint très-
pâle. Le duc de Brunswick, soulevé par une sorte de secousse électrique, se
leva si précipitamment, qu'il laissa glisser sur le parquet un jeune enfant qui
jouait sur ses genoux[2]. En un instant, les salons de la duchesse sont déserts.
Les officiers, encore en costume de bal, courent rejoindre leurs corps. Wellington, déployant une rare activité, donne des ordres, expédie des courriers,
assignant pour rendez-vous à toutes ses divisions la position des Quatre-Bras.
A mesure que chaque brigade ou que chaque régiment est averti, les soldats
prennent les armes et se mettent en marche. Chacun se hâte. Le duc lui-
même, quand tous ses ordres sont partis, se porte à franc-étrier sur le

---

[1] Le jour où Napoléon entrait en Belgique, le duc de Wellington adressait à l'empereur
Alexandre une longue dépêche dans laquelle il discutait un plan d'invasion contre la France, pro-
posé par le général Toll. Loin de soupçonner l'attaque que Napoléon, dans ce moment-là même,
faisait contre ses avant-postes, le duc paraissait convaincu que la France se tiendrait sur la défensive, et que les Alliés, en entrant sur notre territoire, ne rencontreraient de résistance que devant
les places fortes et au passage des rivières. Tous les efforts de notre défense du côté de la Belgique lui semblaient devoir être concentrés sur la ligne de l'Aisne. Cette dépêche, datée de
Bruxelles, le 15 juin 1815, est écrite en français, et porte le n° 947 dans la *Collection des
dépêches et ordres du jour* de Wellington, édition de Bruxelles.

[2] Le duc de Brunswick fut tué le lendemain. L'enfant qui se trouvait en tiers dans cette
scène est le prince de Ligne, aujourd'hui ambassadeur de Belgique à Paris. (Note imprimée en
1844, date de la première publication de cette relation).

point de la réunion. Ce fut vers une heure de l'après-midi qu'il arriva aux
Quatre-Bras, suivi seulement de quelques aides de camp. A l'aspect de la fai-
blesse des détachements réunis sur la position. il dit au prince d'Orange,
accouru pour le recevoir : « Si l'ennemi a plus d'une division, nous ne
pourrons jamais tenir. » A quelques instants de là, examinant, à l'aide d'une
longue-vue, les positions occupées par nos troupes, il dit de nouveau au prince
d'Orange : « J'ai fait la guerre contre les Français en Espagne assez longtemps pour connaître leurs habitudes et leur organisation. Ce n'est pas un
simple général de division qui commande ; je vois trop d'officiers d'état-
major... C'est un maréchal, un corps d'armée que nous avons devant nous...
S'il attaque, nous sommes perdus. N'importe ! ajoute-t-il, il faut tenir ici
jusqu'au dernier homme. C'est la clef de la position. » Tous les officiers
montés qui l'entourent, de simples cavaliers même, sont dépêchés dans toutes
les directions. « Dites qu'on arrive ! s'écrie-t-il ; que pas un corps n'attende
l'autre ! Il ne s'agit pas d'avancer par divisions ou par brigades. Faites marcher bataillon par bataillon, compagnie par compagnie ! » Même à ce
moment, encore une fois, le moindre effort donnait à Ney les Quatre-Bras ;
mais il attendait toujours l'arrivée du 1.er corps, et les divisions alors réunies autour de lui restaient déployées sans attaquer. A chaque instant Wellington croyait les voir s'ébranler ; durant plus de deux heures son anxiété fut
cruelle. Enfin, vers les deux heures et demie, ses détachements, les premiers
partis, le rejoignirent. Ce fut la division anglaise du général Picton qui parut
la première ; les troupes du duc de Brunswick arrivèrent ensuite ; puis le
contingent de Nassau. De minute en minute, pour ainsi dire, les régiments
se succédaient. En moins de deux heures, les troupes anglo-belges, réunies
aux Quatre-Bras, furent portées de 8,000 hommes à 50,000.

Une fois la lutte entamée, l'énergie de Ney grandit avec le nombre de ses
adversaires. Après avoir culbuté les régiments de Nassau, il jette le 1.er de chasseurs et le 6e lanciers sur la division brunswickoise ; cette division, enfoncée
et sabrée, est obligée de se retirer dans le plus affreux désordre ; son chef, le
duc régnant de Brunswick, est tué. Les trois bataillons du 42e écossais, formés
en carrés et chargés par une des brigades des cuirassiers Kellermann, sont
enfoncés à leur tour et presque taillés en pièces ; le colonel est tué, le drapeau
pris. Ney, dans ce moment, poussait son attaque avec furie. Il croit tenir la
victoire : son infanterie, après avoir chassé l'ennemi de la plus grande partie
du bois, touchait, en effet, à la ferme des Quatre-Bras, lorsque deux nouvelles divisions anglaises, arrivant au pas de course par la route de Nivelles,
vinrent soudainement arrêter nos soldats, puis les rejeter sur leurs premières
positions.

Le maréchal envoya sur-le-champ au 1er corps, qu'il croyait enfin arrivé à Frasnes, l'ordre d'avancer en toute hâte. A cette heure de la journée, ce renfort de 20,000 hommes, sous la main d'un chef tel que Ney, rendait l'occupation des Quatre-Bras certaine; mais Drouet-d'Erlon ne devait point paraître. Debout au milieu du feu croisé des batteries anglaises, le prince de la Moskowa attendait avec une impatience fiévreuse l'arrivée du 1er corps, lorsque le général Labédoyère, puis le général Delcambre, se présentent devant lui, et annoncent que Drouet-d'Erlon et son corps d'armée ont quitté la route des Quatre-Bras pour se diriger vers le champ de bataille de l'Empereur, et que, dans ce moment, ils doivent se trouver à plusieurs lieues des positions du maréchal. A cette nouvelle, Ney semble frappé de stupeur : il se voit privé de la moitié de ses forces et sans un seul homme d'infanterie en réserve. Deux régiments de cuirassiers appartenant au corps de Kellermann étaient la seule troupe dont il pouvait encore disposer[1]. « Voyez-vous ces boulets? s'écria-t-il avec un sombre désespoir en montrant les projectiles qui volaient autour de lui, je voudrais qu'ils m'entrassent tous dans le corps ! » Il court au comte de Valmy (Kellermann) : « Mon cher général, lui dit-il, il s'agit ici du salut de la France; il faut un effort extraordinaire; prenez votre cavalerie, jetez-vous au milieu de l'armée anglaise et enfoncez-la; je vous ferai soutenir par Piré. » Kellermann se tourne vers ses cuirassiers, leur crie : *Chargez !* et se précipite tête baissée avec eux sur les rangs les plus épais de l'ennemi. Le 69e régiment d'infanterie britannique est immédiatement culbuté; les batteries sont enlevées, et les cuirassiers, traversant deux lignes, arrivent jusqu'à la ferme des Quatre-Bras. Mais là les réserves de l'infanterie anglaise, hollandaise et belge, accueillent Kellermann et ses cavaliers avec un feu si meurtrier, qu'ils sont obligés de s'arrêter. Le cheval de Kellermann est tué, et ce général, demeuré un moment au milieu des Anglais, ne se dégage qu'à grand'peine.

La charge que les cuirassiers venaient de fournir avait électrisé notre infanterie; elle s'était élancée à leur suite et avait pénétré aussi loin qu'eux. Elle touchait pour la seconde fois aux Quatre-Bras, lorsque la division des gardes anglaises et celle du général Alten, arrivant, à leur tour, à marche forcée, donnèrent à Wellington une supériorité de forces si grande, que nos fantassins furent encore une fois contraints de se replier.

En même temps que Kellermann avait donné le signal de la charge, Ney

---

[1] Le corps des cuirassiers de Kellermann se composait de quatre brigades : une seule était alors près du maréchal; une seconde se battait sur un point différent du champ de bataille; les deux autres (division Roussel), avaient été laissées par le maréchal à Frasnes, afin d'y rallier les troupes du 1er corps (Drouet-d'Erlon).

avait fait voler le général Delcambre sur les traces du comte d'Erlon,
avec ordre de lui enjoindre de rétrograder sur-le-champ, et de venir
à lui, quels que fussent les ordres que l'Empereur eût pu lui transmettre.

Wellington. — (Page 74).

Jusqu'à ce jour[1], les causes du double mouvement rétrograde du 1ᵉʳ corps
sont restées fort ignorées. L'Empereur lui-même ne les connut jamais. Il
supposait à Sainte-Hélène que le comte Drouet-d'Erlon, arrêté dans sa marche

[1] 1844, date de la première publication de cette relation.

sur Frasnes par le bruit de l'artillerie de Ligny, avait marché au canon.
Quelques écrivains, d'un autre côté, ont dit que ce général avait été appelé
directement par Napoléon; d'autres, adoptant cette opinion, ont ajouté que
cet ordre direct avait été porté par le colonel Laurent, de l'état-major général.
Ce colonel a pu se trouver chargé d'un des ordres envoyés par le major
général au chef de l'*aile gauche;* mais il ne fut pour rien dans le mouvement.
Voici en quels termes le comte d'Erlon lui-même a raconté les faits :

« Vers onze heures ou midi, M. le maréchal Ney m'envoya l'ordre de faire prendre
les armes à mon corps d'armée et de le diriger sur Frasnes et les Quatre-Bras, où je
recevrais des ordres ultérieurs. Mon armée se mit donc immédiatement en marche [1].

« Après avoir donné l'ordre au général qui commandait la tête de colonne de faire
diligence, je pris l'avance pour voir ce qui se passait aux Quatre-Bras, où le corps d'armée du général Reille me semblait engagé. Je m'arrêtai au-delà de Frasnes avec des
généraux de la garde, et j'y fus joint par le général Labédoyère, qui me fit voir une *note
au crayon* qu'il portait au maréchal Ney [2], et qui enjoignait à ce maréchal de *diriger mon
corps d'armée sur Ligny.* Le général Labédoyère me prévint qu'il avait déjà donné l'ordre pour ce mouvement *en faisant changer de direction à ma colonne,* et m'indiqua où je
pourrais la rejoindre. Je pris aussitôt cette route, et envoyai au maréchal mon chef d'état-
major, le général Delcambre, pour le prévenir de ma nouvelle destination. »

La jonction du 1er corps avec les autres troupes de Ney, à l'heure tardive
où ce corps avait quitté la route de Frasnes, était sans influence possible sur
le succès de la campagne. Sans doute, l'absence de ces 18 à 20,000 hommes
pouvait empêcher le prince de la Moskowa d'emporter les Quatre-Bras; mais,
dans la pensée de l'Empereur, la conquête de cette position, à ce moment,
n'avait plus qu'un but, permettre au prince de la Moskowa de faire, sur
Ligny, le *détachement* si vivement sollicité, si impatiemment attendu; en
d'autres termes, l'effort de Ney, à cet instant, était secondaire; il ne pouvait
lui arriver pis, dans tous les cas, que de rester sur ses positions. Ce n'était
pas aux Quatre-Bras, mais à Ligny, qu'était le sort de la journée; et le
1er corps, en se portant sur Ligny, devait le décider.

Le général Drouet-d'Erlon se trompa d'abord de chemin; au lieu d'arriver droit sur Bry, il descendit plus bas, et, longeant le champ de bataille, il
avait marché sur Fleurus. Reconnaissant bientôt qu'il faisait fausse route, le
chef du 1er corps revint sur ses pas, et s'établit enfin derrière Bry, assez près
des Prussiens pour que les détachements formant sa tête de colonne pussent

[1] Deux désertions eurent lieu pendant cette marche du 1er corps, de Gosselies à Frasnes : le
colonel Gordon, chef d'état-major de la division Durutte, et le chef d'escadron Gaugler, se jetant
sur la gauche de la route, allèrent rejoindre l'ennemi à Nivelles.

[2] Voyez la teneur de cette *note au crayon,* page 31.

distinctement apercevoir les numéros peints sur les sacs de l'infanterie prussienne placée en position sur ce point. Les pièces furent mises en batterie; on allait tirer. En ce moment le général Delcambre arrive près de d'Erlon, et lui transmet les ordres si impératifs, si absolus, du prince de la Moskowa. Il était alors six heures du soir.

D'Erlon, pour obéir aux injonctions de son chef immédiat, avait trois heures de nouvelle marche à faire et ne pouvait rejoindre Ney qu'à l'entrée de la nuit, lorsque toute lutte aux Quatre-Bras aurait nécessairement cessé. Placé, au contraire, comme il l'était, sur le champ de bataille de Napoléon, derrière les Prussiens, qu'il prenait à dos et dont l'infanterie était rangée devant lui, ce général n'avait besoin que de prononcer le commandement de *feu!* pour intervenir d'une manière décisive. Un instant il hésita; puis, emporté par un sentiment exagéré de l'obéissance militaire, il fait relever son artillerie, ordonne demi-tour à ses régiments, quitte ses positions et reprend, avec son armée, le chemin qu'il avait déjà suivi. Cette armée était la colonne inconnue, aperçue par Vandamme. Sans cette faute, la plus lourde de toute cette guerre, Blücher se trouvait cerné entre Bry, Saint-Amand et Ligny par l'armée impériale renforcée des 20,000 hommes de d'Erlon et des 11,000 soldats du comté de Lobau, que Napoléon, dans la prévision de cette manœuvre, tint toute la journée inactifs; les trois corps prussiens, ainsi que l'espérait l'Empereur, étaient, non pas défaits, mais détruits; l'armée prussienne posait les armes.

Il était neuf heures du soir quand le comte d'Erlon arriva, de sa personne, sur les positions de Ney, laissant en arrière ses troupes, que ces contre-marches avaient fatiguées, et ayant ainsi promené 18 à 20,000 hommes et 46 pièces de canon, entre deux champs de bataille, de la gauche à la droite, puis de la droite à la gauche, sans autre résultat que de retarder d'une heure et demie la défaite des Prussiens et d'empêcher l'Empereur de la compléter par une poursuite que la nuit rendit impossible. Le maréchal Ney, lorsque le chef du 1ᵉʳ corps se présenta devant lui, venait de cesser le combat[1].

---

[1] Le comte Drouet-d'Erlon, dans la lettre déjà citée, complète en ces termes l'explication de sa double contre-marche :

« ... M. le maréchal Ney me renvoya mon chef d'état-major (le général Delcambre) en me prescrivant impérativement de revenir sur les Quatre-Bras, où il s'était fortement engagé, comptant sur la coopération de mon corps d'armée. Je devais donc supposer qu'il y avait urgence, puisque le maréchal prenait sur lui de me rappeler, quoiqu'il eût reçu la note dont j'ai parlé plus haut. J'ordonnai en conséquence à la colonne de faire contre-marche; mais, malgré toute la diligence qu'on a pu mettre dans ce mouvement, ma colonne n'a pu paraître à l'arrière des Quatre-Bras qu'à l'approche de la nuit.

« Le général Labédoyère avait-il mission pour faire changer la direction de ma colonne avant que d'avoir vu le maréchal Ney? Je ne le pense pas. Dans tous les cas, cette circonstance a été

Aux Quatre-Bras, la lutte, comme à Ligny, avait été opiniâtre. furieuse. La route, à travers le bois, disparaissait littéralement sous les cadavres des Hollandais et des Écossais, et sous ceux de nos braves cuirassiers. Notre perte, sur ce point, fut de 3,400 hommes; celle des Anglo-Hollandais, officiellement constatée, s'éleva à 9,000 hommes. L'artillerie et la cavalerie de Wellington n'avaient pu marcher aussi vite que son infanterie; elles n'arrivèrent, pour ainsi dire, qu'après le combat; Ney, au contraire, disposait d'une cavalerie relativement nombreuse, et tirait avec 50 pièces de canon. De là, la disproportion entre le chiffre des morts de chaque parti.

Le même résultat se fit remarquer à Ligny. Notre perte totale sur ce champ de bataille fut de 6,950 hommes tués ou blessés; celle des Prussiens s'éleva à près de 25,000 hommes. Cette différence ne tenait pas uniquement à la position des deux armées et aux ravages inégaux de leur artillerie; elle avait encore sa cause dans l'espèce de furie qui animait nos soldats; ils ne faisaient pas de prisonniers; ils tuaient. Vers les huit heures, le ravin en face de Saint-Amand et de Ligny n'existait plus, en quelque sorte : les cadavres l'avaient comblé. On y voyait quatre Prussiens pour un Français. Blücher, en parlant de ce combat comme d'un « des plus acharnés dont l'histoire fasse mention, » n'exagérait pas. Nos généraux ressentirent la même impression; l'acharnement avec lequel on se battait fit frémir ceux-là mêmes qui étaient le plus habitués à contempler de sang-froid les horreurs de la guerre. La garde était entrée dans Ligny aux cris de *Vive l'Empereur! point de quartier!* La division Girard, lorsqu'elle eut épuisé ses munitions dans l'effort où son chef perdit la vie, demandait à grands cris *des cartouches et des Prussiens!*

Quelques incidents étranges, résultat fatal des souvenirs laissés dans l'armée par la défection du 6ᵉ corps dans la nuit du 4 au 5 avril 1814, et de la désertion du général Bourmont, dont la nouvelle avait fait, la veille et le matin, l'entretien de tous les régiments, marquèrent cette sanglante journée.

Les soldats soupçonnaient le patriotisme et la fidélité de plusieurs généraux; pour eux, ces chefs étaient des royalistes qui n'attendaient que le moment de passer à l'ennemi. Dans leur défiance, ils étaient attentifs à tous les mouvements; toute manœuvre qu'ils ne comprenaient pas les inquiétait et prenait à leurs yeux le caractère d'une trahison. Lorsque les premiers coups de fusil furent tirés à Saint-Amand, un vieux caporal de la garde s'approcha de l'Empereur et lui dit : « Sire, méfiez-vous du maréchal Soult, soyez certain

cause de toutes les marches et contre-marches qui ont paralysé mon corps d'armée pendant la journée du 16. »

CHAMP DE BATAILLE DE WATERLOO.
Arbre de Wellington. — Route de Bruxelles.

qu'il *nous* trahit. — Sois tranquille, lui répondit l'Empereur, j'en réponds comme de moi. » Lorsqu'on vint annoncer à Vandamme la présence de la colonne inconnue qui se montrait sur sa gauche, ce général se porta dans la direction indiquée, afin de reconnaître cette troupe. Un officier arrive aussitôt au galop vers le maréchal Soult, et lui annonce que Vandamme vient de passer à l'ennemi. « Tous les soldats, ajoute-t-il, demandent à grands cris qu'on en instruise l'Empereur. » Sur la fin de la bataille, un dragon, le sabre tout dégouttant de sang, accourt à Napoléon en criant : « Sire ! venez vite à la division ! le général Maurin harangue les dragons pour passer à l'ennemi. — L'as-tu entendu ? — Non, Sire ; mais un officier, qui vous cherche, l'a vu et m'a chargé de vous le dire. » Pendant ce temps, le brave général Maurin, après avoir repoussé une charge ennemie, était grièvement blessé par un boulet de canon. Durant quatre jours, ces malheureuses préoccupations de trahison devaient planer, comme une lueur funèbre, sur toute cette armée et précipiter la dernière heure de Waterloo[1].

Les soldats de tous les corps et de toutes les armes, dans cette double bataille, furent dignes de leur ancienne gloire et de la cause qu'ils défendaient. Mais les généraux, nous parlons des plus élevés, n'étaient plus, ainsi que nous l'avons dit, les hommes des précédentes guerres. On sait les hésitations de Ney et la lourde faute de d'Erlon ; Vandamme manqua, en quelque sorte, à ses troupes ; elles se montrèrent pleines d'enthousiasme et de feu ; il fut mou et indécis. Jetés à regret au milieu des hasards de nouveaux champs de bataille, alarmés par la désertion de la veille, indice, à leurs yeux, d'événements fatals à la cause impériale ; indifférents, du moins quelques-uns, aux passions et aux intérêts pour lesquels combattait l'armée, ces chefs étaient hésitants et semblaient craindre de se compromettre en déployant une trop grande ardeur pour la cause dont la défense leur était confiée. Parmi les hauts généraux, un seul se montra, non pas égal, mais supérieur à sa réputation. Si, le 16, le comte Gérard soutint à Ligny le principal effort des Prussiens avec un courage et un talent hors ligne, le 18, on le verra, il ne devait pas dépendre de lui de changer la défaite en un éclatant triomphe. Le nom de ce général, dans l'histoire de cette courte campagne, doit se placer après celui de l'Empereur.

[1] **A** Waterloo, comme à Ligny, les soldats, dès qu'ils apercevaient un général ennemi, s'appelaient dans les rangs et se le montraient en criant : « Voilà le général... » Le nom qu'ils prononçaient était celui du premier général français qui leur venait à la mémoire ; ils le couvraient d'imprécations. Dans leur conviction, ce n'était pas un général, mais dix généraux qui avaient passé à l'ennemi ; on cachait leurs noms à l'armée, disaient-ils, afin de ne pas la décourager.

La victoire de Ligny laissa Napoléon mécontent. « Si le maréchal Ney, disait-il, avait attaqué de bonne heure les Anglais avec toutes ses forces, il les aurait écrasés et serait venu donner le coup de grâce aux Prussiens ; et si, après cette première faute, il n'en eût pas commis une seconde en arrêtant le mouvement du 1er corps, l'intervention du comte d'Erlon aurait abrégé la résistance de Blücher et rendu sa défaite irréparable ; toute son armée aurait été prise ou détruite[1]. »

Protégés par la nuit, qui empêchait toute poursuite active, les corps de Ziethen, de Pirch et de Thielmann purent se rallier, le soir de cette journée, à une lieue et demie de Ligny, vers Gembloux, derrière le corps de Bulow, qui venait d'arriver, à marche forcée, de ses cantonnements dans le pays de Liége. L'Empereur, avec l'aile droite, sa garde et le 6e corps, campa sur le champ de bataille ; Ney resta dans ses positions de Frasnes.

Journée du 17. — De nouvelles lenteurs devaient succéder, ce jour-là, aux retards des deux journées précédentes.

Le maréchal Ney avait encore reçu, dans la nuit, l'ordre de renouveler, à la pointe du jour, l'attaque des Quatre-Bras. Il fut prévenu que le comte de Lobau, avec deux divisions d'infanterie de son corps, la cavalerie légère de la garde et les cuirassiers Milhaut, le seconderait en se portant sur le flanc gauche des Anglais par la chaussée de Namur. Mais, comme la veille, Ney ne devait s'ébranler que très-tard ; à onze heures, ses soldats étaient encore dans leurs bivacs. Les mêmes retards se firent remarquer dans le mouvement des différents corps placés sous le commandement direct de l'Empereur et sous celui du maréchal Grouchy ; pas un de ces corps, à l'exception de celui du comte de Lobau (6e), resté inactif la veille, et qui se porta de bonne heure sur Marbais, n'avait encore reçu d'ordres à dix heures. Les soldats murmuraient de ce repos dont ils ignoraient les motifs ; ils interrogeaient leurs officiers, interpellaient les généraux : l'énergie et l'activité semblaient s'être réfugiées dans leurs rangs[2]. Napoléon, à la vérité, avait eu d'abord le projet de mettre toutes les troupes en marche, dès le lever du soleil, et d'attaquer vigoureusement les Anglais en même temps qu'il ferait poursuivre, sans lui donner de relâche, l'armée prussienne.

[1] *Mémoires* de M. Fleury de Chaboulon.

[2] Les habitants de Saint-Amand racontent que, le matin du 17, un groupe de généraux étant venu à traverser le village, les soldats les poursuivaient de ces cris : « Nous avons fait la soupe à la pointe du jour afin d'*entrer plus tôt en danse*, et voilà quatre heures qu'on nous laisse sans rien faire ! Pourquoi ne se bat-on pas ? Il y a encore quelque chose là-dessous ! »

L'ordre transmis à Ney était le résultat de cette pensée ; mais, placé en présence de deux armées ennemies dont il ignorait la position et les mouvements, l'Empereur pouvait difficilement arrêter la moindre disposition avant de connaître avec certitude, soit le point précis où ces armées se trouvaient, soit la direction qu'elles suivaient ou qu'elles semblaient prendre. Ainsi, à neuf heures, Napoléon n'avait encore reçu aucune nouvelle du maréchal Ney, ni des différents généraux qu'il avait détachés, le matin, à la poursuite des Prussiens.

Impatient de ces retards, il dirigea un fort détachement de cavalerie sur les Quatre-Bras, avec ordre de venir lui rendre compte, sur le plateau de Bry, de ce qu'on aurait vu ou appris de ce côté, et chargea plusieurs officiers d'aller chercher les rapports des chefs de corps détachés vers Gembloux. Ces soins pris, il quitta Fleurus pour se rendre sur le champ de bataille. Napoléon était souffrant ; il voulut se servir d'une voiture ; mais les difficultés du chemin, les sillons et les fossés qui coupaient la campagne dans toutes les directions, l'obligèrent bientôt de monter à cheval. Arrivé à Saint-Amand, il se fit conduire sur le théâtre des principaux engagements, s'arrêtant à chaque pas, faisant relever et encourageant les blessés encore étendus sur le sol. A mesure qu'il avançait, chaque régiment se formait sans armes sur le terrain où il était bivaqué, et saluait sa présence par les acclamations les plus enthousiastes. L'Empereur passait lentement sur le front de tous les régiments, interrogeait les chefs, complimentait les soldats sur leur élan et sur leur bravoure.

Cette revue terminée, Napoléon mit pied à terre, et, s'entretenant avec les généraux qui l'entouraient, il attendit le retour du détachement et des officiers que, de Fleurus, il avait dirigés vers les Quatre-Bras et vers Gembloux. A midi, le détachement revint ; les officiers ne tardèrent pas également à arriver.

Quand il eut entendu tous les rapports, il put enfin arrêter les mouvements des différents corps et les dispositions de la journée. Les troupes de la garde se mirent immédiatement en marche pour Marbais, où devait déjà se trouver le comte de Lobau ; la division Girard, réduite de près de moitié par les combats de la veille, fut laissée à Saint-Amand et à Ligny, et le maréchal Grouchy, ayant sous ses ordres le 3ᵉ corps (Vandamme) et le 4ᵉ (Gérard), ainsi que la cavalerie des généraux Excelmans et Pajol, fut chargé de poursuivre les Prussiens et de compléter leur défaite. Lorsque tous les ordres furent expédiés, l'Empereur remonta à cheval, et, se dirigeant vers les troupes du 6ᵉ corps, qu'il joignit à Marbais, il se porta immédiatement sur les Quatre-Bras.

L'armée, par suite de ces dispositions, se trouvait divisée en deux parties ainsi composées :

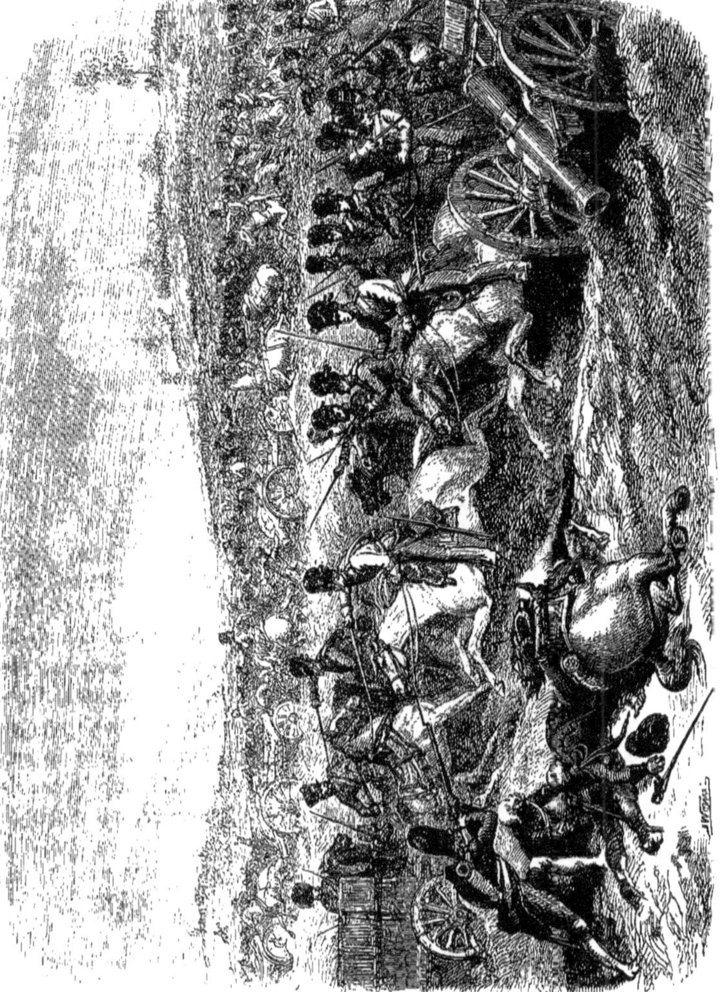

Les dragons anglais chargeant les batteries du colonel Chandon. — Page 75.

Route de Bruxelles. — **Aile gauche, centre et réserves.** — L'Empereur.

1er corps, 18,540 hommes; 2e corps, 23,530 h.; 6e corps, 11,770 h.; garce

impériale, troupes de toutes armes, 18,520 h.; *cuirassiers* Kellerman et Milhaut (3ᵉ et 4ᵉ corps de cavalerie), artilleurs compris, 5,690 h.;
— Total. . . . .   78,050 h.

Mais il faut déduire de ce dernier chiffre, qui représente le total de la force de chaque corps à l'ouverture de la campagne [1] :

1° La division Girard du **2ᵉ corps**, laissée à Saint-Amand et à Ligny, et qui s'élevait l'avant-veille à. . . . . 5,000 h.

2° La division Teste, détachée du **6ᵉ corps** et donnée au maréchal Grouchy pour remplacer les pertes faites la veille par les **3ᵉ** et **4ᵉ corps**. 4,000

3° Les pertes du maréchal Ney aux Quatre-Bras. 3,400

4° Les pertes de la garde impériale et des cuirassiers Milhaut, à Ligny, environ. 200

$\Big\}$ 12,600 h.

Total des troupes conduites par l'Empereur contre l'armée anglaise.   65,450 h.

Canons. 242

Route de Wavres. — Aile droite. — Maréchal GROUCHY.

3ᵉ corps, 15,290 hommes; **4ᵉ corps**, 14,260 h.; division *Teste*, détachée du **6ᵉ corps**, 4,000 h.; *cavalerie* Pajol et Excelmans (**1ᵉʳ** et **2ᵉ corps**), artilleurs compris, 5,600 h. — Total. . . . .   39,150 h.

Si de ce total, qui représente la force de chaque corps l'avant-veille au matin, on déduit les pertes des 3ᵉ et 4ᵉ corps d'infanterie, des 1ᵉʳ et 2ᵉ corps de cavalerie, à Saint-Amand et à Ligny, environ. . . . .   4,900 [2]

on a pour total des troupes emmenées par le général Grouchy à la poursuite des Prussiens. . . . .   34,250 h. [3]

Canons. 108

Wellington n'avait connu que dans les dernières heures de la nuit la défaite des Prussiens; leur retraite l'obligeait à un mouvement parallèle. Dès le point du jour, il se replia sur Bruxelles par Genappe, laissant pour arrière-garde, aux Quatre-Bras, lord Uxbridge avec un corps de cavalerie et plusieurs batteries d'artillerie légère. Quand, vers midi, lord Uxbridge aperçut la tête de colonne du 6ᵉ corps, qui, s'avançant par la route de Marbais, menaçait sa gauche, il battit en retraite à son tour, et l'Empereur, qui venait de

---

[1] Voyez, pour le détail des forces de chaque corps, pages 3 et 4 de cette relation.

[2] Les pertes de la division Girard, environ 1,700 hommes, et celles de la garde et des cuirassiers Milhaut, comptées plus haut, environ 200 hommes, sont en dehors de ce chiffre.

[3] En additionnant les deux chiffres de 34,250 et de 65,450 hommes, on trouve, pour le total des soldats emmenés dans la journée du 17 par l'Empereur et le maréchal Grouchy, sur les routes de Bruxelles et de Wavres, le chiffre de 99,700 hommes. Si l'on ajoute à ce dernier nombre les pertes essuyées à Ligny, 6,900 hommes; aux Quatre-Bras, 3,400; la division Girard, laissée à Ligny et réduite à environ 3,300 hommes, ainsi que les 2,200 hommes des équipages de ponts, du génie, etc., répartis à la suite des différents corps, on arrive à un total de 115,500, chiffre des hommes présents sous les armes le 15 juin au matin.

rejoindre le comte de Lobau, occupa la position. Il était près d'une heure.

Cependant Ney, campé depuis la veille à Frasnes, n'arrivait pas. Napoléon, irrité, envoya directement aux chefs de corps de ce maréchal l'ordre d'avancer. Le comte d'Erlon (1er corps) arriva le premier. Il prit la tête de l'armée, et se mit en devoir de pousser vivement l'arrière-garde anglaise. Le comte Reille (2e corps) déboucha ensuite et suivit le mouvement. Enfin, après s'être longtemps fait attendre, Ney parut. « L'Empereur lui témoigna son mécontentement de tant d'incertitude, de tant de lenteur, et de ce qu'il venait de faire perdre trois heures bien précieuses. Le maréchal balbutia, et s'excusa sur ce qu'il croyait que Wellington était encore aux Quatre-Bras avec toute son armée[1]. »

Le 6e corps (Lobau) quitta les Quatre-Bras après le 2e. La garde s'ébranla ensuite. Les cuirassiers Milhaut, éclairés par une division légère aux ordres du général Subervie, s'avancèrent à leur tour, et complétèrent le mouvement de l'armée sur Bruxelles. L'Empereur alors se porta en avant, et, après une poursuite où notre avant-garde n'échangea avec l'arrière-garde anglaise que quelques coups de canon, Napoléon, à six heures du soir, arriva à peu de distance de la forêt de Soignes. La pluie, en ce moment, tombait par torrents; les troupes, sur certains points de la chaussée, avaient de l'eau à mi-jambes; dans les terres, le soldat enfonçait jusqu'aux genoux; l'artillerie ne pouvait y passer; la cavalerie n'y marchait qu'avec peine. L'ennemi s'était arrêté. Le voisinage de la forêt fit penser à l'Empereur que les Anglais voulaient tenir cette position pendant la nuit. Pour s'en assurer, Napoléon ordonna aux cuirassiers Milhaut de se déployer sous la protection de quatre batteries d'artillerie légère, et de faire mine de charger. A cette vue, l'ennemi démasqua 50 ou 60 pièces de canon fortement appuyées. Tous les doutes de l'Empereur cessèrent : l'armée anglaise tout entière était arrêtée devant lui ; il renonça à l'attaquer. On doit regretter cette détermination : les Prussiens n'auraient pu intervenir, la victoire était certaine. *Il aurait fallu deux heures de jour de plus*, a dit l'Empereur. L'armée prit position en avant de Planchenoit, village dans les terres, à quelques centaines de pas sur la droite de la route, et le quartier impérial fut établi un peu en arrière, sur la chaussée, à la ferme du Caillou.

Malgré les lenteurs du maréchal Ney, les troupes conduites par Napoléon n'avaient pas quitté l'armée anglaise, et s'étaient avancées de six lieues. L'*aile droite* fit à peine le tiers du même chemin.

Nous avons dit que, la veille au soir, les trois corps de Ziethen, de

<hr>

[1] *Mémoires de* Napoléon, *dictés à Sainte-Hélène.*

Pirch et de Thielmann avaient pu se rallier derrière les 36,000 hommes de Bulow arrivés à Gembloux dans la nuit, après la bataille. Malgré ce renfort, le désordre s'était mis dans un grand nombre de régiments prussiens. Les troupes saxonnes et westphaliennes, entre autres, comptaient un nombre considérable de déserteurs. Des bandes de fuyards, où les nouvelles levées de landwehr prussienne étaient en majorité, couvraient tous les chemins, pillant les villages, maltraitant les habitants, et répandant partout la nouvelle de la défaite de Ligny, ainsi que le bruit de la retraite de leur armée derrière le Rhin. Cette retraite, dans la journée du 17, était attendue à Namur, à Liége et dans toutes les villes assises sur la rive droite de la Meuse. Sur toutes les routes, on voyait de longues files de bagages qui se dirigeaient précipitamment vers Maëstricht. Si l'inutile apparition du comte d'Erlon à la gauche de l'armée, en suspendant le mouvement de la garde sur Ligny, n'avait pas obligé l'Empereur à retarder sa victoire jusqu'à l'entrée de la nuit, quel n'aurait pas été, sur ces troupes démoralisées, l'effet d'une active poursuite de plusieurs heures!

Les Prussiens avaient eu toute la nuit du 16 au 17 et toute la matinée du lendemain pour opérer leur retraite; le maréchal Grouchy allait leur laisser le reste de la journée et la nuit suivante pour se reformer. A la vérité, lorsqu'à midi ce maréchal avait reçu l'ordre de se mettre à la poursuite de Blücher, les soldats placés sous son commandement, et qui avaient soutenu tout le poids des combats de la veille, n'étaient plus prêts à marcher. Inactifs depuis le matin, mécontents de ce long repos dont leur impatience ne voyait pas le terme, les fantassins avaient démonté leurs fusils pour les nettoyer, une partie des cavaliers avaient dessellé leurs chevaux pour ne pas les fatiguer d'un poids inutile. Il fallut du temps pour s'apprêter de nouveau. L'Empereur n'était plus là, d'ailleurs, pour imprimer l'activité à toutes choses et à tous. Chaque disposition, chaque mouvement, se fit donc avec une extrême lenteur. Les régiments partis les premiers n'arrivèrent à Gembloux qu'à quatre heures du soir; les autres suivaient, mais à de si longs intervalles, qu'il était nuit close lorsque les derniers détachements entrèrent dans cette ville. On comprendrait mal, au reste, la lenteur de certains régiments, si on ne tenait compte d'une pluie affreuse, qui, en défonçant tous les chemins, ralentit les mouvements d'une partie de l'infanterie, en même temps qu'elle paralysa l'action de la cavalerie chargée de suivre ou d'observer l'ennemi. Ainsi retardé dans la marche de ses troupes, incertain, d'ailleurs, de la direction que Blücher avait prise, le marquis de Grouchy s'arrêta à Gembloux, sur les positions occupées la nuit précédente par l'armée prussienne : ce maréchal n'avait pas fait deux lieues.

Charge des cuirassiers Milhaut et des grenadiers à cheval sur Mont-Saint-Jean. — (Page 80).

Cette journée du 17 ne devait profiter qu'à l'ennemi ; elle fut complétement perdue pour notre armée.

JOURNÉE DU 18. *Bataille de Waterloo.* — L'Empereur, le soir du 17, ne croyait pas à une bataille pour le lendemain ; il supposait que Blücher aurait passé la Dyle à Wavres, et que Wellington et le feld-maréchal prussien profiteraient de la nuit pour traverser la forêt de Soignes et se réunir devant Bruxelles. Cependant il consacra les dernières heures de la soirée à dicter tous les ordres nécessaires pour un engagement général, s'il devait avoir lieu. La position et l'intervention possible de son *aile droite* fut une de ses préoccupations. A dix heures du soir, il expédia au maréchal Grouchy, qu'il croyait arrivé à Wavres[1], un officier chargé de lui faire connaître « qu'une grande bataille se livrerait probablement le lendemain ; que l'armée anglo-hollandaise était en position en avant de la forêt de Soignes, sa gauche appuyée au hameau de la Haye ; qu'il lui ordonnait de détacher avant le jour *de son camp de Wavres* une division de 7,000 hommes de toutes armes et 16 pièces de canon sur Saint-Lambert, pour se joindre à la droite de la grande armée et opérer avec elle ; qu'aussitôt qu'il serait assuré que le maréchal Blücher aurait évacué Wavres, soit pour continuer sa route sur Bruxelles, soit pour se porter dans toute autre direction, il devait marcher avec la majorité de ses troupes pour appuyer le détachement qu'il aurait fait sur Saint-Lambert[2]. »

Une heure après le départ de cet officier pour *Wavres*, à onze heures, on recevait au quartier impérial un rapport du maréchal Grouchy, daté *cinq heures du soir*, et qui annonçait la halte de son armée *à Gemblour*, ainsi que l'ignorance où il était de la direction prise par Blücher. Avant de transmettre de nouveaux ordres au chef de son *aile droite*, Napoléon voulut s'assurer si Wellington était décidé à accepter la bataille sur le terrain où bivaquait son armée.

« ... A une heure du matin, l'Empereur sortit à pied, accompagné seulement de son grand maréchal (le général Bertrand). Son dessein était de suivre l'armée anglaise dans sa retraite et de tâcher de l'entamer, malgré l'obscurité de la nuit, aussitôt qu'elle serait en marche. Il parcourut la ligne des grandes

[1] A trois lieues au delà de Gemblouv, à moins de cinq lieues du champ de bataille de Ligny.

[2] Les défilés de Saint-Lambert commandent toutes les communications entre Wavres et Waterloo. Leur occupation par une division de 7,000 hommes de toutes armes avait un double but : relier les deux armées françaises, et rendre impossible la jonction des Prussiens avec les Anglais sur les positions occupées par ceux-ci.

gardes. La forêt de Soignes apparaissait comme un incendie; l'horizon entre cette forêt, Braine-Laleud, les fermes de la Belle-Alliance et de la Haie-Sainte, était resplendissant du feu des bivacs; le plus profond silence régnait, l'armée anglo-hollandaise était ensevelie dans un profond sommeil, suite des fatigues qu'elle avait éprouvées les jours précédents. Arrivé près du bois du château d'Hougoumont, il entendit le bruit d'une colonne en marche; il était deux heures et demie. Or, à cette heure, l'arrière-garde devait commencer à quitter ses positions si l'ennemi était en retraite; mais cette illusion fut courte, le bruit cessa. La pluie tombait par torrents. Divers officiers envoyés en reconnaissance et des affidés, de retour à trois heures et demie, confirmèrent que les Anglo-Hollandais ne faisaient aucun mouvement. A quatre heures, des coureurs lui amenèrent un paysan qui avait servi de guide à une brigade de cavalerie anglaise allant prendre position sur l'extrême gauche, au village d'Ohain. Deux déserteurs belges, qui venaient de quitter leur régiment, lui rapportèrent que leur armée se préparait à la bataille, et qu'aucun mouvement rétrograde n'avait eu lieu.

« Le général ennemi ne pouvait rien faire de plus contraire aux intérêts de son parti et de sa nation, à l'esprit général de cette campagne et même aux règles les plus simples de la guerre, que de rester dans la position qu'il occupait : il avait derrière lui les défilés de la forêt de Soignes; s'il était battu, toute retraite lui était impossible.

« Les troupes françaises étaient bivaquées au milieu de la boue; les officiers tenaient pour impossible de livrer la bataille dans ce jour : l'artillerie et la cavalerie ne pouvaient manœuvrer dans les terres, tant elles étaient détrempées; ils estimaient qu'il faudrait douze heures de beau temps pour les étancher. Le jour commençait à poindre. L'Empereur rentra à son quartier général plein de satisfaction de la grande faute que faisait le général ennemi et fort inquiet que le mauvais temps ne l'empêchât d'en profiter. Mais déjà l'atmosphère s'éclaircissait; vers cinq heures il aperçut quelques faibles rayons de ce soleil qui devait, avant de se coucher, éclairer la perte de l'armée anglaise...[1] »

Un second officier fut immédiatement dépêché au maréchal Grouchy pour lui renouveler l'ordre transmis sept heures auparavant. Une heure après le

---

[1] NAPOLÉON. *Mémoires* dictés à Sainte-Hélène. — Nous avons cru, pour la relation de la bataille de Waterloo, pouvoir emprunter différents passages au récit dicté par l'Empereur. Ce récit, dans les *Mémoires* de Napoléon, ne se compose, pour ainsi dire, que d'une *exposition*; il explique, mieux que ne saurait le faire aucun écrivain, aucun homme, les dispositions et les premiers mouvements de l'Empereur; mais Napoléon devient très-bref, il s'arrête, en quelque sorte, quand il arrive aux détails de la lutte. Nous indiquerons religieusement, par des guillemets et par des notes, chacun de nos emprunts à ses *Mémoires*.

départ de cet envoyé, l'Empereur reçut du chef de l'*aile droite* un nouveau rapport daté de Gembloux, *dix heures du soir,* et qui était ainsi conçu :

« SIRE,

« J'ai l'honneur de vous rendre compte que j'occupe Gembloux et que ma cavalerie est à Sauvenières. L'ennemi, fort d'environ 30,000 hommes, continue son mouvement de retraite ; on lui a saisi ici un parc de 400 bêtes à cornes, des magasins et des bagages.

« Il paraît, d'après tous les rapports, qu'arrivés à Sauvenières, les Prussiens se sont divisés en trois colonnes : l'une a dû prendre la route de Wavres, en passant par Sart-à-Walhain ; l'autre colonne paraît s'être dirigée sur Perwès.

« On peut peut-être *en inférer qu'une portion va rejoindre Wellington,* et que le centre, qui est l'armée de Blücher, se retire sur Liége. Une autre colonne avec de l'artillerie ayant fait son mouvement de retraite sur Namur, le général Excelmans a ordre de pousser ce soir six escadrons sur Sart-à-Walhain et trois escadrons sur Perwès. D'après leur rapport, si la masse des Prussiens *se retire sur Wavres, je la suivrai dans cette direction, afin qu'ils ne puissent gagner Bruxelles et de les séparer de Wellington.*

« Si, au contraire, mes renseignements prouvent que la principale force prussienne a marché par Perwès, je me dirigerai, par cette ville, à la poursuite de l'ennemi.

« Les généraux Thielmann et Borstell faisaient partie de l'armée que Votre Majesté a battue hier ; ils étaient encore ce matin à 10 heures ici, et ont annoncé que 20,000 des leurs avaient été mis hors de combat. Ils ont demandé en partant les distances de Wavres, Perwès et Hanut. Blücher a été blessé au bras, ce qui ne l'a pas empêché de commander après s'être fait panser. Il n'a point passé par Gembloux.

« Je suis avec respect, etc.,

« Le maréchal comte de GROUCHY. »

Cette dépêche était de nature à dissiper toutes les inquiétudes de l'Empereur sur la manière dont le maréchal Grouchy saurait remplir sa mission ; il devait croire que ce maréchal, en exprimant lui-même l'opinion qu'une partie des troupes prussiennes se dirigeait vers Wellington pour le soutenir, ne perdrait pas Blücher de vue ; que ses efforts tendraient à empêcher cette jonction, et que son armée, dans tous les cas, viendrait paralyser les effets de cette réunion, si elle devait s'opérer. Aussi Napoléon écouta-t-il, plein de confiance, les rapports de plusieurs officiers qui venaient de reconnaître l'armée anglaise. Ils évaluaient sa force, en y comprenant les corps de flanqueurs, à *quatre-vingt-dix mille hommes,* chiffre qui s'accordait avec les renseignements généraux. L'armée française, on l'a vu, ne comptait que *soixante-cinq mille combattants.* Non-seulement elle avait contre elle le désavantage du nombre, mais encore la fatigue d'une nuit sans sommeil ; la pluie battante de la veille avait continué jusqu'au matin, et les soldats, bivaqués au milieu de la boue, comme le dit l'Empereur, n'avaient pu goûter un instant de repos. Il y a plus : les convois de vivres, arrêtés ou retardés par la tourmente et par le mauvais état

Le général comte de Lobau.

des chemins, ne purent arriver dans la matinée. Une partie de nos régiments, lorsqu'ils quittèrent leur campement pour se porter sur leurs positions de

Le général Gourgaud chargeant les dragons anglais. — (Page 76).

bataille, n'avaient donc pris aucune nourriture. Pas une plainte, pas un murmure, ne sortit cependant des rangs : quelques plaisanteries, la promesse de se venger sur les Anglais de ces privations, voilà tout ce qu'on entendit.

Vers les huit heures, Napoléon dit aux généraux qui l'entouraient : « L'armée ennemie est supérieure à la nôtre de près d'un tiers; nous n'en avons pas moins quatre-vingt-dix chances pour nous, et pas dix contre. — Sans doute, dit le maréchal Ney, qui entrait, si Wellington était assez simple pour attendre Votre Majesté; mais je viens lui annoncer que déjà ses colonnes sont en pleine retraite; elle disparaissent dans la forêt. — Vous avez mal vu, lui répondit l'Empereur; il n'est plus temps, il s'exposerait à une perte certaine : il a jeté les dés, et ils sont à nous. »

Dans ce moment des officiers d'artillerie, qui avaient parcouru la plaine, annoncèrent que l'on pourrait manœuvrer les pièces avec quelques difficultés sans doute; mais dans une heure, ajoutaient-ils, les obstacles seraient notablement diminués.

« .... Aussitôt l'Empereur monta à cheval; il se porta aux tirailleurs, vis-à-vis de la Haie-Sainte, reconnut de nouveau la ligne ennemie et chargea le général du génie Haxo, officier de confiance, de s'en approcher davantage pour s'assurer *s'il avait été élevé quelques redoutes ou retranchements*. Ce général revint promptement rendre compte qu'il n'avait aperçu aucune trace de fortifications. L'Empereur réfléchit un quart d'heure, puis dicta l'ordre de bataille que deux généraux écrivaient assis par terre. Les aides de camp le portèrent aux divers corps d'armée qui étaient sous les armes, pleins d'impatience et d'ardeur. L'armée s'ébranla et se mit en marche sur onze colonnes.

« A neuf heures, les têtes des quatre colonnes formant la première ligne arrivèrent où elles devaient se déployer. En même temps on aperçut, plus ou moins loin, les sept autres colonnes qui débouchaient des hauteurs; elles étaient en marche; les trompettes et les tambours sonnaient aux champs, la musique retentissait des airs qui retraçaient aux soldats le souvenir de cent victoires. La terre paraissait orgueilleuse de porter tant de braves. Ce spectacle était magnifique; et l'ennemi, qui était placé de manière à découvrir jusqu'au dernier homme, dut en être frappé; l'armée dut lui paraître double en nombre de ce qu'elle était réellement.

« Ces onze colonnes se développèrent avec tant de précision, qu'il n'y eut aucune confusion, et chacun occupa la place qui lui était désignée dans la pensée du chef; jamais de si grandes masses ne se remuèrent avec tant de facilité. A dix heures et demie, ce qui paraît incroyable, tout le mouvement était achevé, toutes les troupes étaient à leur position; le plus profond silence régnait sur le champ de bataille. L'armée se trouva rangée sur six lignes formant la figure de six V

« L'Empereur parcourut les rangs. Il serait difficile d'exprimer l'enthousiasme qui animait tous les soldats : l'infanterie légère avait ses shakos au bout des baïonnettes ; les cuirassiers, les dragons et la cavalerie légère leurs casques ou shakos au bout de leurs sabres. La victoire paraissait certaine ; les vieux soldats qui avaient assisté à tant de combats admirèrent ce nouvel ordre de bataille ; ils cherchaient à pénétrer les vues ultérieures de leur général ; ils discutaient le point et la manière dont l'attaque devait avoir lieu. Pendant ce temps, l'Empereur donna ses derniers ordres et se porta à la tête de sa garde, au sommet des six V, sur les hauteurs de Rossomme. Il mit pied à terre...

« Une bataille est une action dramatique qui a son commencement, son milieu et sa fin. L'ordre de bataille que prennent les deux armées, les premiers mouvements pour en venir aux mains, sont l'exposition ; les contre-mouvements que fait l'armée attaquée forment le nœud, ce qui oblige à de nouvelles dispositions et amène la crise d'où naît le résultat ou le dénoûment. Aussitôt que l'attaque du centre de l'armée française aurait été démasquée, le général ennemi ferait ses contre-mouvements, soit par ses ailes, soit derrière sa ligne, pour faire diversion ou accourir au secours du point attaqué ; aucun de ces mouvements ne pouvait échapper à l'œil exercé de Napoléon dans la position centrale où il s'était placé, et il avait dans sa main toutes ses réserves pour les porter à volonté où l'urgence des circonstances exigerait leur présence [1]... »

Les hauteurs de Rossomme, où l'Empereur venait de se porter, sont un long plateau assez fortement ondulé, et sur lequel court la chaussée de Charleroi à Bruxelles ; elles prennent naissance à la ferme du Caillou, où Napoléon avait passé la nuit, et s'arrêtent à quelques pas au delà de la ferme de la Belle-Alliance. La chaussée, quand elle a dépassé cette dernière ferme, descend dans un vallon ou ravin assez profond, pour remonter ensuite, en longeant les clôtures de la ferme de la Haie-Sainte, sur un autre plateau, ou, pour dire mieux, sur une véritable terrasse qui était alors fort élevée, et dont le front, parallèle aux hauteurs occupées par nos troupes, s'étendait, à gauche, jusqu'à peu de distance du château d'Hougoumont, et, à droite, vers les hameaux de Papelotte, la Haie et Smouhen. A 400 pas environ au delà du point où elle arrivait sur le sommet de ce dernier plateau, la route traversait Mont-Saint-Jean, hameau d'une trentaine de maisons, puis, à trois quarts de lieue plus loin, dans la forêt de Soignes, elle rencontrait le village de Waterloo.

---

[1] *Mémoires de* Napoléon, déjà cités.

Les pentes du ravin qui séparait les deux armées sont assez faciles quand on descend de la Belle-Alliance. En revanche, le bord opposé, à quelques toises au-dessus de la Haie-Sainte, avait toute la force d'un véritable retranchement. Le sol s'élevait d'abord graduellement; puis, à quelques pas de la sommité du plateau, le niveau de la pente se trouvait brusquement interrompu par une large coupure parallèle au ravin et formant la voie d'un des chemins qui conduisent de Wavres, par les défilés de Saint-Lambert et par Ohain, à la chaussée de Nivelles. Ce chemin, profondément encaissé, coupait perpendiculairement la route de Charleroi et longeait toute la crête du plateau; il faisait fossé, et son escarpement, du côté de Mont-Saint-Jean, n'avait pas moins de sept à huit pieds d'élévation. En d'autres termes, une immense terrasse avec fossé et glacis en talus, et qui, adossée à la forêt de Soignes, était défendue, sur son front, par la ferme de la Haie-Sainte, véritable ouvrage avancé; à son extrême droite, par le château d'Hougoumont, dont les murs avaient été crénelés dans la nuit; à son extrême gauche, par les hameaux de Papelotte, Smouhen et la Haie; voilà quelle était la position choisie par Wellington pour accepter la bataille. Napoléon ne se trompait donc pas lorsqu'il envoyait le général Haxo s'assurer si des redoutes et des retranchements ne défendaient pas le front de l'ennemi; ce général, d'un autre côté, avait dit vrai en affirmant que les Anglais n'avaient élevé aucun ouvrage d'art. Ils étaient protégés par un rempart naturel. Une forte barricade fermant la tranchée ouverte dans la terrasse pour le passage de la route, était leur seul ouvrage de fortification[1].

Le point des hauteurs de Rossomme, choisi par Napoléon comme observatoire, et sur lequel il resta depuis onze heures jusqu'à trois, était un tertre placé sur le côté gauche de la route, en face d'une maison isolée appelée la

---

[1] Cette terrasse a été en grande partie nivelée entre Mont-Saint-Jean et la Haie-Sainte. Le chemin qui en suivait la crête existe toujours, mais il n'est plus encaissé; ses deux escarpes ont disparu, et les terres qui les formaient ont été enlevées pour construire la montagne artificielle — immense cône haut de plus de 150 pieds et recouvert de gazon — qui supporte le ridicule lion belge, placé là par l'ancien gouvernement des Pays-Bas comme monument de la victoire anglo-prussienne du 18 juin. Le sol, à la sommité du plateau de Mont-Saint-Jean, a été baissé de près de dix pieds. L'aspect général du terrain est donc complètement changé. Lord Wellington, quelques années après 1815, faisant les honneurs des champs de Mont-Saint-Jean à nous ne savons quel prince, se montra fort mécontent de cet immense déblai. « Je ne reconnais plus mon champ de bataille! » s'écria-t-il. Deux tertres qui, de chaque côté de la route, à quelques pas au-dessus de la Haie-Sainte, supportent les monuments élevés au colonel anglais Gordon, aide de camp de Wellington, et aux officiers de la légion germanique tués dans la bataille, donnent la position et le relief exacts de l'ancien plateau. Construits avant le nivellement, sur le bord de la terrasse, ces tombeaux ont gardé leur ancienne base; il faut, de la route, monter douze ou quinze marches pour arriver à celui du colonel Gordon. C'est sur la partie de la chaussée qui sépare ces tombeaux qu'était construite la barricade dont nous venons de parler.

maison d'Écosse, à cent pas environ en arrière de la ferme de la Belle-Alliance[1]. De là, ses regards pouvaient embrasser tout le champ de bataille :

Le général Kellermann, comte de Valmy.

[1] L'Empereur, depuis quelque temps, était en proie à de cruelles douleurs physiques qui lui rendaient fort pénible l'usage du cheval ; il souffrait d'une affection hemorroïdale, résultat de sa vie de guerre et de campagnes, et dont les fatigues des derniers jours avaient singulièrement augmenté la violence. Le tertre qu'il choisit pour observatoire, et dont la surface, comme celle de toutes les terres voisines, se trouvait transformée en une boue liqu de par les affreuses pluies de la veille et de la nuit, fut recouvert d'un lit de paille, sur lequel on plaça une chaise et une table grossières que fournirent les habitants de la *maison d'Écosse*

en face de lui, le plateau du Mont-Saint-Jean; à sa gauche, le château d'Hougoumont et son bois couvrant la droite de l'ennemi; à sa droite, les hameaux
sur lesquels Wellington appuyait sa gauche, ainsi que le chemin qui, de
Wavres, arrive à Planchenoit après avoir traversé les défilés de la Chapelle-
Saint-Lambert et le village de Lasne. Planchenoit se trouvait derrière lui,
dans les terres, à peu de distance sur la droite de la route. C'était par ce
chemin qu'il attendait Grouchy.

A dix heures, pendant que les onze colonnes impériales s'avançaient
pour prendre leur position de combat, l'Empereur avait ordonné de transmettre à ce maréchal le nouvel ordre suivant :

« En avant de la ferme du Caillou, le 18 juin,
dix heures du matin.

« Monsieur le Maréchal,

« L'Empereur a reçu votre dernier rapport daté de Gembloux; vous ne parlez à
Sa Majesté que de deux colonnes prussiennes qui ont passé à Sauvenières et à Sart-à-
Walhain; cependant des rapports disent qu'une troisième colonne, qui était assez forte,
a passé à Géry et à Gentines, se dirigeant sur Wavres.

« L'Empereur me charge de vous prévenir qu'en ce moment Sa Majesté va faire
attaquer l'armée anglaise qui a pris position à Waterloo, près de la forêt de Soignes;
ainsi Sa Majesté désire *que vous dirigiez vos mouvements sur Wavres*, AFIN *de vous
rapprocher de nous*, de vous mettre *en rapport d'opérations* et *lier les communications*,
poussant devant vous les corps de l'armée prussienne qui ont pris cette direction et qui
ont pu s'arrêter à Wavres, où vous devez arriver le plus tôt possible. Vous ferez suivre
les colonnes ennemies qui ont pris votre droite par quelques corps légers, afin d'observer
leurs mouvements et ramasser leurs traînards. Instruisez-moi immédiatement de vos
dispositions et de votre marche ainsi que des nouvelles que vous avez sur les ennemis,
et *ne négligez pas de lier vos communications avec nous*; l'Empereur désire avoir très-
souvent de vos nouvelles. »

Une heure après l'envoi de cette dépêche, les tirailleurs se répandaient
sur tout le front de l'armée, et les divisions composant le 2ᵉ corps (Reille)
commençaient, à la gauche, l'attaque du bois et du château d'Hougoumont. Cette attaque, faite la première et de bonne heure, était destinée à
tromper le général ennemi. L'Empereur avait le projet de porter son principal effort sur le centre de la ligne anglaise; son intention était de le percer
en l'abordant par la chaussée, de s'emparer de Mont-Saint-Jean, et de se
rendre ainsi maître du principal débouché de la forêt de Soignes. Avant de
commencer cette attaque qui devait séparer les deux ailes de Wellington,
leur rendre toute retraite impossible et entraîner la destruction de l'armée
anglaise, Napoléon voulait obliger le général ennemi à dégarnir cette partie

de sa ligne pour renforcer sa droite. Ce mouvement, comme il le prévoyait.
eut lieu; le duc ne tarda pas à diriger sur Hougoumont ses meilleures
troupes. L'attaque sur Mont-Saint-Jean, si difficile en raison de l'escarpement du plateau, obstacle que l'Empereur entrevoyait sans en bien connaître
la force[1], devait, en outre, être protégée par le feu d'environ 80 bouches à
feu. au nombre desquelles étaient 30 pièces de 12, formant l'artillerie de
réserve des 1er 2e et 6e corps. Ces 80 pièces, malgré le feu des canons anglais
déjà en position sur le bord de la rampe, ne tardèrent pas à se trouver en
batterie.

« ... Le maréchal Ney obtint l'honneur de commander cette grande
attaque du centre; elle ne pouvait être confiée à un homme plus brave et
plus accoutumé à ce genre d'affaires. Il envoya un de ses aides de camp
prévenir que tout était prêt et qu'il n'attendait plus que le signal. Avant de le
donner, l'Empereur voulut jeter un dernier regard sur le champ de bataille,
et aperçut dans la direction de Saint-Lambert un nuage qui lui parut être des
troupes. Il dit à son major général : « Maréchal, que voyez-vous sur Saint-
Lambert? — J'y crois voir 5 à 6,000 hommes; c'est probablement un détachement de Grouchy. » Toutes les lunettes de l'état-major furent fixées sur
ce point. Le temps était assez brumeux. Les uns soutenaient, comme il arrive
en pareille occasion, qu'il n'y avait point de troupes, que c'étaient des arbres;
d'autres, que c'étaient des colonnes en position; quelques-uns, que c'étaient
des troupes en marche[2]. Dans cette incertitude, sans plus délibérer, il fit appeler le lieutenant général Domon et lui ordonna de se porter avec sa division
de cavalerie légère et celle du général Subervie pour éclairer sa droite, communiquer promptement avec les troupes qui arrivaient sur Saint-Lambert.
opérer la réunion si elles appartenaient au maréchal Grouchy, les contenir si

[1] Lorsqu'on approche d'une position fortifiée. le regard, embrassant seulement des surfaces.
ne peut distinguer les escarpes ni les fossés; le sommet des remparts et celui des glacis ne font
qu'*un;* il faut entrer dans les ouvrages pour en apercevoir les détails. Il en fut de même pour
l'Empereur à l'occasion du plateau de Mont-Saint-Jean. Des hauteurs où il était placé, Napoléon
devait croire que la pente opposée à celle de la Belle-Alliance était *continue.* Les épaisses récoltes
qui couvraient la terre servaient à augmenter l'illusion. S'il avait connu l'existence et la profondeur du chemin faisant fossé. son point d'attaque aurait été probablement changé, et l'on doit
croire qu'il aurait porté son principal effort sur la gauche de Wellington. L'encaissement du chemin sur cette partie du champ de bataille était bien moins prononcé; les pentes étaient beaucoup
plus douces. La force défensive de la position occupée par les Anglais se trouvait principalement
au centre de leur ligne. vis-à-vis de la Haie-Sainte, puis à la droite de cette ferme, jusque vers le
château d'Hougoumont. Si le terrain eût été tel qu'il est aujourd'hui. la bataille n'eût pas duré
trois heures.

[2] Les hommes et les arbres devaient se confondre. Le bois de Lasne. indiqué sur un grand
nombre de cartes sous le nom de *Bois de Paris,* occupe le sommet des hauteurs où débouche le
chemin de Wavres à Planchenoit. et derrière lesquelles se trouvent le village de Lasne. celui de la
Chapelle Saint-Lambert. ainsi que ses gorges et ses défilés.

elles étaient ennemies. Ces 3,000 hommes de cavalerie n'eurent à faire qu'un à droite par quatre pour être hors des lignes de l'armée; ils se portèrent rapidement et sans confusion à 3,000 toises et s'y rangèrent en bataille, en potence sur toute la droite de l'armée.

« Un quart d'heure après, un officier de chasseurs amena un chasseur noir prussien qui venait d'être fait prisonnier par les coureurs d'une colonne volante de 300 chasseurs qui battaient l'estrade entre Wavres et Planchenoit. Ce chasseur était porteur d'une lettre; il était fort intelligent et donna de vive voix tous les renseignements que l'on put désirer. La colonne que l'on apercevait vers Saint-Lambert était l'avant-garde du général Bulow, qui arrivait avec plus de 30,000 hommes; c'était le 4° corps prussien qui n'avait pas donné à Ligny. La lettre était effectivement l'annonce de l'arrivée de ce corps; ce général demandait au duc de Wellington des ordres ultérieurs. Le hussard dit qu'il avait été le matin à Wavres, que les trois autres corps de l'armée prussienne y étaient campés et qu'ils y avaient passé la nuit du 17 au 18; qu'ils n'avaient aucun Français devant eux; qu'il supposait que les Français avaient marché sur Planchenoit; qu'une patrouille de son régiment avait été, dans la nuit, jusqu'à deux lieues de Wavres sans rencontrer aucun corps français. Le duc de Dalmatie expédia sur-le-champ un officier au maréchal Grouchy....[1] »

Cet officier était porteur du nouvel ordre suivant :

» Du champ de bataille de Waterloo, le 18 juin,
à une heure de l'après-midi.

« Monsieur le Maréchal,

« Vous avez écrit ce matin, à deux heures, à l'Empereur que vous marchiez sur Sart-à-Walhain, donc votre projet était de vous porter à Corbaix ou à Wavres. Ce dernier mouvement est conforme aux dispositions de Sa Majesté qui vous ont été communiquées.

« Cependant l'Empereur m'ordonne de vous dire que vous devez toujours *manœuvrer dans notre direction.* C'est à vous à voir le point où nous sommes pour vous régler en conséquence et pour *lier nos communications,* ainsi que pour être toujours en mesure de *tomber sur les troupes* ennemies qui *chercheraient à inquiéter notre droite,* et à les écraser. En ce moment, la bataille est engagée sur la ligne de Waterloo; ainsi *manœuvrez pour joindre notre droite.*

« *P. S.* Une lettre qui vient d'être interceptée porte que le général Bulow doit attaquer notre flanc. Nous croyons apercevoir ce corps sur les hauteurs de Saint-Lambert; ainsi ne perdez pas un instant pour vous rapprocher de nous et nous joindre, et pour écraser Bulow, que vous prendrez en flagrant délit. »

---

[1] *Mémoires de* Napoléon. déjà cités.

Les Prussiens repoussés à Planchenoit par le général Lobau. — (Page 79).

L'Empereur, après avoir raconté l'envoi de cette nouvelle dépêcle au marquis de Grouchy, ajoute :

Drapeaux présentés à l'Empereur devant la Belle-Alliance, par trois chasseurs de la garde et trois cuirassiers. — (Page 84).

« .... Par les dernières nouvelles reçues de ce maréchal, on savait qu'il devait, à la pointe du jour, se porter sur Wavres. Or de Gembloux à Wavres il n'y a que trois lieues; soit qu'il eût ou non reçu les ordres expédiés dans la nuit du quartier impérial, il devait être indubitablement engagé, à l'heure qu'il était, devant Wavres. Les lunettes dirigées sur ce point n'apercevaient rien; on n'entendait aucun coup de canon. Peu après, le général Domon envoya dire que quelques coureurs montés, qui le précédaient, avaient rencontré des patrouilles ennemies dans la direction de Saint-Lambert; qu'on pouvait tenir pour sûr que les troupes que l'on y voyait étaient ennemies; qu'il avait envoyé dans plusieurs directions des patrouilles d'élite *pour communiquer avec le maréchal Grouchy et lui porter des avis et des ordres* [1].

« L'Empereur fit immédiatement ordonner au comte de Lobau de traverser la chaussée de Charleroi par un changement de direction à droite par division, et de se porter, pour soutenir la cavalerie légère, dans la direction de Saint-Lambert, de choisir une bonne position intermédiaire où il pût, avec 10,000 hommes, en arrêter 30,000 si cela devenait nécessaire; d'attaquer vivement les Prussiens aussitôt qu'il entendrait les premiers coups de canon des troupes que le maréchal Grouchy avait détachées derrière eux. Ces dispositions furent exécutées sur-le-champ. Il était de la plus haute importance que le mouvement du comte de Lobau se fît sans retard. Le maréchal Grouchy devait avoir, de Wavres, détaché 6 à 7,000 hommes sur Saint-Lambert, lesquels se trouveraient compromis, puisque le corps du général Bulow était de 30,000 hommes, tout comme le corps du général Bulow serait compromis et perdu si, au moment qu'il serait attaqué en queue par 6 ou 7,000 hommes, il était attaqué en tête par un homme du caractère du comte de Lobau. 17 à 18,000 Français disposés et commandés ainsi étaient d'une valeur bien supérieure à 30,000 Prussiens. Mais ces événements portèrent du changement dans le premier plan de l'Empereur; il se trouva affaibli, sur le champ de bataille, de 10,000 hommes qu'il était obligé d'envoyer contre le général Bulow; ce n'était plus que 55,000 hommes qu'il avait contre 90,000; ainsi l'armée ennemie contre laquelle il avait à lutter venait d'être augmentée de 30,000 hommes déjà répandus sur le champ de bataille; elle était de 120,000 hommes contre 65,000; c'était un contre deux. « Nous avions ce matin quatre-vingt-dix chances pour nous, dit-il au duc de Dalmatie; l'arrivée de Bulow nous en fait perdre trente; mais nous en avons

---

[1] Nous avons souligné les derniers mots de cette phrase, parce qu'ils se rapportent à un détail assez important et fort ignoré de l'épisode Grouchy.

encore soixante contre quarante, et, si Grouchy répare l'horrible faute qu'il a commise hier de s'amuser à Gembloux, et envoie son détachement avec rapidité, la victoire ne sera que plus décisive, car le corps de Bulow sera entièrement perdu[1]... »

Il était alors plus d'une heure. L'Empereur envoya au maréchal Ney, qui, depuis midi, attendait le signal de l'attaque, l'ordre de faire ouvrir le feu de ses batteries, de s'emparer de la ferme de la Haie-Sainte, au pied du plateau, et de se porter sur Mont-Saint-Jean après avoir fait occuper le hameau de la Haie, à gauche de l'ennemi, afin d'intercepter toute communication entre l'armée anglo-hollandaise et les troupes de Bulow. A peu de moments de là, d'effroyables décharges d'artillerie ébranlaient la terre; 80 bouches à feu vomissaient la mort sur le centre et sur la gauche de l'ennemi.

L'action était engagée à la droite des Anglais, au château d'Hougoumont, lorsque commença cette attaque sur leur gauche et sur leur front. L'engagement sur le premier de ces points, qui, pour l'Empereur, comme on l'a vu, n'était qu'une simple diversion, fut un épisode sans influence sur les résultats de la journée. Effort secondaire, l'attaque d'Hougoumont ne devait appeler l'attention de l'Empereur qu'après plusieurs heures d'une lutte sanglante, indécise et mal dirigée.

Les deux côtés du château d'Hougoumont, faisant face au ravin de la Haie-Sainte et à notre ligne de bataille, étaient protégés par un bois que gardait la brigade des gardes anglaises; les deux autres côtés étaient à découvert : ce fut précisément le bois que les généraux du 2ᵉ corps ordonnèrent d'aborder. Nos soldats s'y élancèrent avec la plus grande bravoure. La résistance de l'ennemi fut énergique; il disputa, pour ainsi dire, chaque pied de terrain. A la fin, pourtant, repoussé d'arbre en arbre, il fut chassé du bois et rejeté sur les bâtiments. Une haie séparait encore nos soldats des premiers murs; ils la franchissent; mais à peine sont-ils de l'autre côté, qu'un épouvantable feu de mousqueterie, tiré presque à bout portant par d'invisibles mains, fait tomber les plus intrépides. Ces décharges partaient d'un haut et long mur en briques, percé de larges meurtrières dans toute son étendue, et qui servait de clôture au jardin et au verger du château. Les Anglais profitent du premier désordre pour essayer de reprendre le bois. Repoussés à leur tour, les Français ne tardent pas à revenir à la charge; le bois est pris et repris; mais, chaque fois qu'elles approchent du château, nos troupes se voient accueillies par le terrible feu des fantassins anglais embusqués derrière

____

[1] *Mémoires de* Napoléon, déjà cités.

le mur en briques. Vainement nos soldats, furieux de recevoir la mort sans pouvoir la donner, essayent chaque fois, dans un effort héroïque, de gravir le mur à l'aide même de ses meurtrières; ceux qui parviennent à le franchir et à se jeter au milieu de l'infanterie britannique dont le jardin est rempli, sont massacrés malgré les prières des officiers anglais, qu'émeut un tel courage; et chaque fois ceux qui n'ont pu les suivre sont obligés de se replier. Ces alternatives durèrent quatre heures. Il ne venait à la pensée d'aucun chef de chercher un autre point d'attaque et d'employer l'artillerie contre la partie des murs extérieurs que le bois ne protégeait pas. Vers les trois heures, l'Empereur, étonné de l'immobilité de sa gauche, envoya aux renseignements. On l'instruisit de ce qui se passait; il regarda une des cartes étendues devant lui, et, désignant du doigt un point assez rapproché du château, il s'écria : « Qu'on prenne du canon; huit obusiers, et que tout cela finisse! » Une demi-heure après cet ordre, le château était en feu, et sa grande porte, enfoncée à coups de canon, livrait passage à nos fantassins, qui, se ruant au milieu de l'incendie, chassaient les gardes anglaises des cours, et s'établissaient dans les bâtiments du château[1].

A l'heure où les troupes de la gauche se logeaient dans la principale partie du château d'Hougoumont, l'Empereur, au centre de sa ligne, pouvait penser, pour la seconde fois, qu'il tenait la victoire.

Les trente pièces de gros canon destinées à appuyer l'attaque de Ney sur la Haie-Sainte et sur Mont-Saint-Jean, placées à la droite de la chaussée, portaient en plein sur le plateau et enfilaient le principal débouché des Anglais dans la forêt de Soignes. Leur ravage était effroyable; des files entières étaient emportées. En quelques instants, la seconde ligne anglaise et les régiments de la réserve furent dans le plus affreux désordre. Ney, à ce moment, descendait les pentes de la Belle-Alliance en trois colonnes profondes commandées par les généraux de division Durutte, Marcognet et Donzelot. Durutte se portait vers les hameaux de Papelotte, de la Haie et de Smouhen, pour se placer entre la gauche des Anglais et le corps de Bulow; Donzelot poussait droit à la Haie-Sainte; Marcognet s'avançait au centre. Les hameaux de Smouhen, la Haie et Papelotte sont enlevés par Durutte; une des brigades de la division belge Perponcher et la division anglaise Picton essayent d'arrêter Marcognet; les Belges sont enfoncés, la première ligne des Anglais

---

[1] Le bois d'Hougoumont a été complétement défriché. En revanche, les bâtiments détruits par l'incendie n'ont pas été reconstruits : leurs ruines, après trente ans, portent la trace du feu. La haie placée en avant du mur du verger existe encore; ce mur, avec ses larges et nombreuses meurtrières, reste également debout : on le voit tel qu'il était le jour de la bataille. (Note de 1844, date de la première publication de cette relation.)

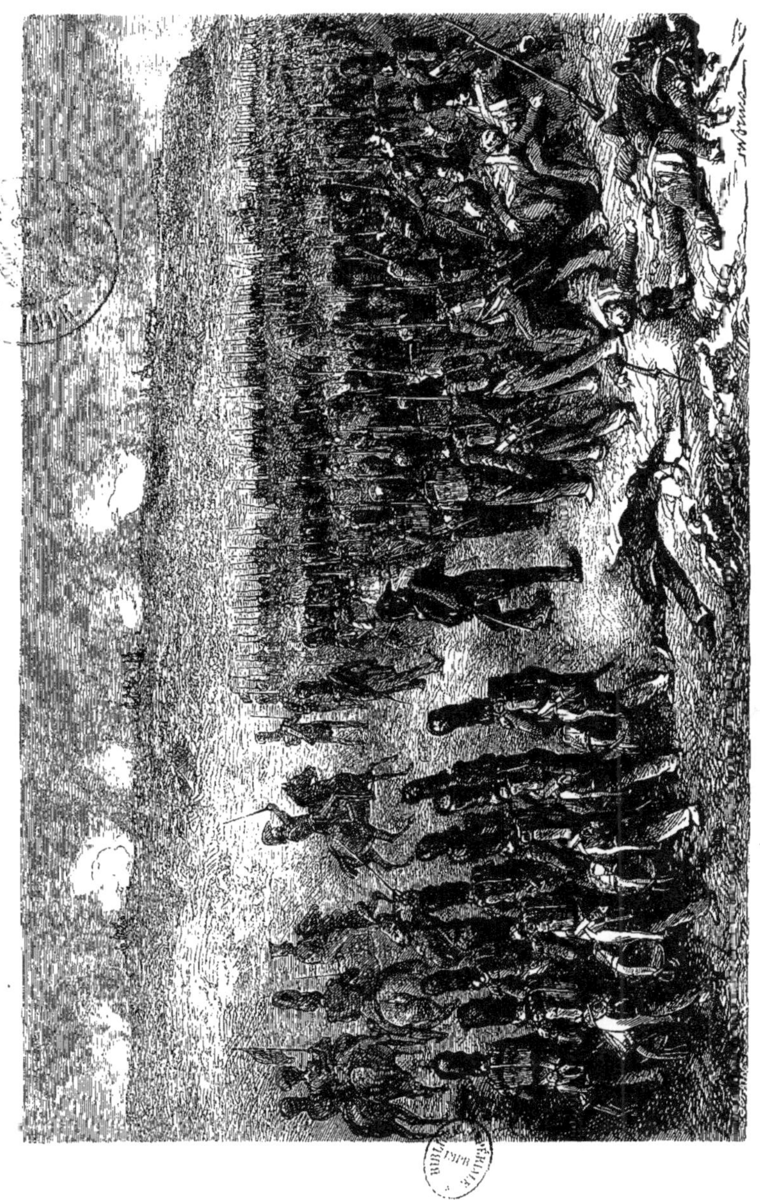

Les bataillons de moyenne garde attaquant les hauteurs de Mont-Saint-Jean. — (Page 86).

est culbutée, le général Picton est tué; à son tour, Donzelot force une partie des détachements chargés de défendre la Haie-Sainte à s'enfermer dans l'intérieur de la ferme, et rejette le reste sur les talus du plateau.

Le duc de Wellington, à cheval, près d'un arbre, à moins de cent pas en arrière du bord de la terrasse[1], suivait attentivement la marche des trois colonnes de Ney. A la vue des divisions que disloquent et culbutent les soldats de Marcognet, il fait donner à plusieurs régiments l'ordre d'aller soutenir les brigades de Picton et du général Perponcher. Dans ce moment, plusieurs officiers accourent, et lui montrent en arrière de sa première ligne, au débouché de la forêt, plusieurs corps d'infanterie qui, écharpés par nos batteries de 12, quittaient le plateau et se retiraient par la route de Bruxelles. Tous les officiers rangés autour du duc courent aussitôt pour arrêter ces colonnes; lui-même lance son cheval au milieu des fuyards.

Ce mouvement de retraite avait frappé le général d'artillerie Rutty, commandant les batteries. En voyant le général anglais et son état-major prendre au galop la même direction que les fuyards, le général Rutty laisse le commandement des pièces au colonel Chandon et court annoncer à l'Empereur que les Anglais abandonnent leurs positions.

Les efforts de Wellington pour suspendre la marche rétrograde des régiments déjà engagés dans la forêt auraient été probablement sans résultat si, par un hasard étrange, les terribles boulets devant lesquels se retiraient ses soldats n'avaient cessé tout à coup de balayer leurs rangs. Le duc peut alors arrêter la retraite de ses troupes; il revient précipitamment à sa place de bataille. « Rien n'est perdu! » s'écrie-t-il après avoir jeté un rapide coup d'œil dans le ravin.

Ce qui venait de se passer sur le plateau n'avait point échappé au maréchal Ney. La pensée lui était venue de précipiter la retraite de l'ennemi et de hâter sa défaite en portant sa grosse artillerie sur les positions que Wellington semblait abandonner; tirant de plus près, cette artillerie devait tout écraser. Il envoya au colonel Chandon l'ordre de transporter ses batteries sur le plateau de Mont-Saint-Jean; le colonel obéit; le feu de nos pièces de 12 cessa; ces pièces furent relevées, et les chevaux, lancés au galop, descendirent les pentes de la Belle-Alliance pour gravir le bord opposé. Mais au moment où Wellington jetait les yeux sur le fond du ravin, les chevaux des batteries de réserve s'y trouvaient arrêtés : ils avaient de la boue jusqu'aux genoux; les affûts entraient dans le sol jusqu'à l'essieu, et, malgré les efforts des canon-

---

[1] Cet arbre a joué une espèce de rôle dans la bataille; il servait de point de reconnaissance à tous les officiers chargés des ordres de Wellington ou dépêchés vers lui. Le cultivateur auquel il appartenait l'a vendu, pour un prix fort élevé, à quelques amateurs anglais.

niers les canons, comme leurs attelages, restaient immobiles. Le duc envoie sur-le-champ à deux régiments de dragons en position à une des extrémités du ravin l'ordre de se lancer à fond de train sur les batteries embourbées, de couper les traits, de tuer les chevaux et de sabrer les hommes sans s'inquiéter des pièces. Une distribution d'eau-de-vie est faite dans les rangs ; on ordonne d'enlever les gourmettes de toutes les brides. Les dragons partent ; tout dut céder au choc furieux de ces chevaux dont on ne pouvait plus maîtriser la course, de ces cavaliers à moitié ivres, qui, roides et immobiles, défilaient avec la rapidité de la flèche à travers les batteries et sur le front de nos carrés [1]. Quand ils furent passés, les batteries étaient disloquées et un grand nombre de canonniers hors de combat. Le colonel Chandon était tué. Ney fit payer cher ce succès aux dragons anglais : il lança sur eux les cuirassiers Milhaut, qui détruisirent presque entièrement les deux régiments ennemis : mais Wellington avait atteint son but : il conservait son champ de bataille, et la plus grande partie de notre artillerie de réserve était hors de service. Vainement, pour réparer cette perte, Napoléon fait porter sur les mêmes positions l'artillerie légère de sa garde ; le feu de ces nouvelles batteries ne peut remplacer celui de pièces trois fois plus fortes et d'une portée trois fois plus grande. Tous les corps anglais reprennent leurs positions, moins une partie des équipages et plusieurs détachements qui continuent de fuir et arrivent bientôt à Bruxelles, annonçant la retraite de l'armée anglaise.

La charge des cuirassiers Milhaut avait été le signal d'autres charges exécutées par les différents régiments de cavalerie placés sous les ordres du prince de la Moskova. Ce maréchal, que sa grosse artillerie ne protégeait plus, ne continuait pas moins d'avancer sur le front de l'ennemi. Placé, de sa personne, sur la chaussée avec la division Donzelot, il envoie à la cavalerie légère de la garde et aux cuirassiers Milhaut, revenus de leur poursuite contre les dragons anglais, l'ordre de charger les Hanovriens, ainsi qu'une brigade d'infanterie anglaise et la légion allemande du général Omptéda, qui défendent la barricade et le pied du plateau. Les Hanovriens sont culbutés ; deux bataillons de la légion allemande sont sabrés, les autres dispersés, ainsi que la brigade anglaise ; le général Ompéda est tué. La brigade du major général Ponsonby, composée des 1.ᵉʳ, 2ᵉ et 3ᵉ régiments de dragons, accourt pour rétablir le combat ; cette cavalerie est disloquée ; un lancier de la garde tue Ponsonby. Ney, pendant ce temps avance toujours ; les bataillons anglais, en position sur la terrasse de Mont-Saint-Jean, lui jettent en vain tout le feu de

---

[1] « Ils passèrent en frisant nos carrés de si près, que des hommes et des chevaux furent tués à coups d'épée par nos officiers d'infanterie. » (Général G. de Vaudoncourt, *Campagnes de 1814 et de 1815.*

leur mousqueterie ; vainement leur nombreuse artillerie sème la mort dans ses rangs ; rien ne l'ébranle ; la ferme de la Haie-Sainte est emportée ; il aborde la barricade ainsi que le chemin creux qui sert de fossé au plateau. Dans ce moment, infanterie et cavalerie, Français, Anglais, Allemands et Belges, tous les soldats, toutes les armes, se mêlent. Les fantassins ennemis, arrêtés par l'escarpement de la terrasse, sont écharpés ; deux des aides de camp de Napoléon, les généraux Dejean et Gourgaud, se trouvent dans la mêlée ; le dernier, chargé de suivre cette attaque, tue de sa main quatre dragons anglais. Près de lui, le colonel du 1er de cuirassiers, Ordener, chargeant en tête de son régiment, a son cheval tué et tombe au pied du talus ; il se relève, frappe encore, et parvient à sortir du chemin faisant fossé en saisissant la queue du cheval d'un de ses cuirassiers [1].

Ney va redoubler d'efforts ; il fait avertir l'Empereur : viennent quelques régiments de la réserve ou de la garde, et le plateau sera franchi, le centre des Anglais percé. « Ils sont à nous ! je les tiens ! » s'écrie Napoléon à ces nouvelles. Le maréchal Soult et les généraux qui entourent l'Empereur partagent sa joie ; pour tous la victoire est certaine.

En effet, le désordre s'était mis de nouveau dans l'armée anglaise. Tous les caissons, toutes les voitures de bagages, restés après la première panique, se précipitent sur l'unique route ouverte dans la forêt ; les blessés accourent de tous les points du champ de bataille : soldats anglais, belges et allemands, tous ceux que notre cavalerie a sabrés, se jettent à leur tour sur la route de Bruxelles, répandant encore une fois la nouvelle de la défaite de Wellington. A cette seconde alerte, la petite capitale belge est en émoi ; à six heures, ses autorités se préparent à recevoir l'armée française et son chef ; de six à sept heures, les hôpitaux, les magasins militaires, sont évacués ; tout ce qui est Anglais s'enfuit. La route d'Anvers, où chacun se dirige, est bientôt couverte de caissons, de fourgons et de fuyards à cheval, en voiture, qui courent chercher un refuge sur les navires stationnés dans ce port. Des fonctionnaires attachés à l'administration de l'armée se sauvent dans de simples charrettes, en abandonnant leurs caisses, leurs registres et leurs papiers [2]. Le vieux prince de Condé, emporté par ce *sauve qui peut*, court jusqu'à Malines. De Bruxelles, le bruit de notre victoire gagne les villes voisines. Le duc de Berri, avec les 3 à 4,000 gardes du corps ou volontaires composant l'armée de la cour exilée,

---

[1] Le colonel du 1er de cuirassiers, à Waterloo, est le colonel qui commandait en 1814 le 30e dragons et dont le nom se trouve si honorablement mêlé aux événements racontés dans le chapitre VIII du Ier volume de notre *Histoire des deux Restaurations* (défection du 6e corps).

[2] Tous ces faits sont rigoureusement exacts : ils ont eu la ville entière de Bruxelles pour témoin.

campait à Alost, à mi-chemin entre Bruxelles et Gand, dont il gardait les approches ; cet étrange général. à la fausse nouvelle du triomphe des armes impériales, abandonne précipitamment Alost, Louis, au lieu de se replier sur

Le maréchal Grouchy.

Gand, il quitte la route qu'il doit couvrir, emmène ses troupes à travers champs dans la direction d'Anvers, et ne s'arrête qu'après avoir fait quatre lieues. Louis XVIII luimême, dans sa capitale improvisée, ordonne les préparatifs

Le maréchal Grouchy sollicité par ses officiers de marcher au canon.
(Page 92).

de son départ, et n'attend qu'un dernier avis de ses commissaires à Bruxelles pour gagner Ostende.

Lorsque l'officier dépêché par Ney avait abordé Napoléon, ce dernier venait de visiter une partie du champ de bataille et de voir emporter près de lui, par un boulet, un des généraux qui l'accompagnaient, officier de la plus

haute distinction, le général Devaux, commandant de l'artillerie de la garde.
Il était alors quatre heures. L'ordre d'avancer et d'aller au plateau est immédiatement donné à la garde impériale : ses colonnes se forment et s'ébranlent
pour achever la défaite de l'armée anglaise ; elles se mettent en marche. Dans
ce moment, de fortes décharges d'artillerie se font entendre sur nos derrières.
C'étaient Bulow et ses 30,000 Prussiens qui opéraient leur puissante diversion. La garde dut soudainement s'arrêter.

Nous avons dit avec quelle lenteur le maréchal Grouchy avait marché, le
jour précédent, 17. Blücher avait donc eu toute cette journée et la nuit du 17
au 18 pour réorganiser son armée. Ses communications avec Wellington
n'avaient jamais été complétement interrompues. La veille, dans la soirée, il
avait envoyé son chef d'état-major, le général Gneizenau, au général anglais,
afin de concerter leurs mouvements pour le lendemain. Il avait été convenu que
celui des deux généraux qui serait attaqué par Napoléon soutiendrait le choc
et recevrait la bataille *à outrance,* tandis que l'autre manœuvrerait pour
tomber sur le flanc de l'armée impériale. Blücher connut dans la nuit la position prise par les Anglais à l'entrée de la forêt de Soignes, ainsi que la
présence de l'Empereur et de ses principales forces en avant du plateau de
Mont-Saint-Jean. Il fit immédiatement annoncer à Wellington qu'il arriverait
à son secours. Le corps de Bulow était le moins fatigué ; il n'avait pas encore
combattu. Ce corps, *dès la pointe du jour*[1], reçut l'ordre de se porter sur le
champ de bataille de Waterloo, et, dans le cas où la bataille serait engagée
lorsqu'il arriverait, d'attaquer notre flanc droit. Bulow, on l'a vu, déboucha
du bois de Lasne vers les onze heures. Il avait mis près de six heures pour
faire deux lieues ; encore n'était-il arrivé qu'avec des têtes de colonnes. A la
vérité, les chemins de traverse qu'il avait eu à franchir sont affreux. Pendant
plus d'une lieue, la voie, à peine assez large pour le passage d'une charrette.
gravit ou descend des pentes tellement rapides, qu'il y a danger pour les
chevaux ou les voitures qui osent s'y hasarder. La nature du sol augmente
encore les obstacles ; quand on n'enfonce pas dans le sable, on glisse
sur la marne[2]. Ce sont ces pentes et ces gorges, appelées les *défilés de la
Chapelle-Saint-Lambert,* du nom du village dispersé sur les hauteurs et
dans les fonds où passe le chemin, que l'Empereur avait ordonné au
maréchal Grouchy de faire occuper par une division de 7.000 hommes de

---

[1] Rapport de Blücher sur les deux journées des 16 et 18.

[2] La rapidité de ces pentes, en certains endroits, a obligé les habitants de placer, de distance
en distance, en travers du chemin, des troncs d'arbres, espèces d'escaliers qui servent de points
d'arrêt ou de repos aux voitures. Le voyageur qui passe à la Chapelle-Saint-Lambert a besoin de
l'affirmation de tous les vieux habitants, pour croire qu'une armée, composée d'infanterie, de
cavalerie et d'artillerie, a pu traverser le territoire de cette commune.

toutes armes. Il n'était pas besoin d'une force aussi considérable pour les
garder; quelques centaines d'hommes résolus pouvaient y arrêter toute une
armée.

L'infanterie de Bulow avait pu le suivre; mais son artillerie et sa cavalerie se firent attendre. Aussi n'est-ce guère que vers les deux heures et dem e
de l'après-midi que tout le corps d'armée se trouva rassemblé. A trois heures,
Bulow descendit vers Planchenoit; à quatre heures, son artillerie et ses
30,000 soldats en venaient aux prises avec l'artillerie et les 10,000 comba-
tants du comte de Lobau.

De tous nos généraux, le comte de Lobau était le plus ferme, le plus
inébranlable sur une position. Choisi par l'Empereur pour arrêter les Prussiens en avant de Planchenoit, il justifia sa réputation. Une première brigade
prussienne se présente; Lobau la repousse et la culbute; une seconde brigade
accourt; elle est également mise en déroute. Bulow, à son tour, donne avec
le gros de ses forces. Nos soldats, bien que se battant un contre trois, tinrent
ferme longtemps. Obligés à la fin de céder au nombre, refoulés jusque sur
l'église et sur le cimetière de Planchenoit, les régiments du 6ᵉ corps, pendant
près d'une heure, repoussèrent toutes les attaques des Prussiens contre cette
position. Mais, si Bulow ne gagnait pas de terrain, son artillerie s'étendai ,
et, débordant la droite du comte de Lobau, dont la ligne était établie parallèlement à la route, à moins de 300 toises au delà de la *maison d'Écosse,* ses
canons et ses obusiers prolongeaient leur feu sur nos derrières. Les boulets
prussiens balayaient alors la chaussée et arrivaient jusque dans le groupe où
se trouvait l'Empereur. Or non-seulement cette chaussée était notre unique
route de retraite, mais elle servait, en outre, à tous les mouvements de l'armée. Napoléon, pour la maintenir libre et ne pas se laisser tourner, dut se
résoudre à envoyer au comte de Lobau une des divisions — la division de
jeune garde — qui, une heure auparavant, s'étaient mises en marche, puis
arrêtées au moment même où elles allaient porter au prince de la Moskowa
le renfort qui lui aurait donné la victoire.

Ney attendait impatiemment ce renfort; il se maintenait au pied du
plateau, prêt à un dernier et décisif effort, dès qu'arriverait cette réserve,
tandis que, à quelques pas de lui, Wellington, impassible et debout sous son
arbre, dépêchait officiers sur officiers dans la direction de Saint-Lambert, et
s'efforçait vainement, à travers les nuages de fumée que la poudre répandait
sur le champ de bataille, de saisir un indice de l'arrivée si positivement pro-
mise et si ardemment espérée des soldats prussiens. Mais rien ne paraissait.
Tout fuyait en désordre, au contraire, sur les derrières de son armée. Bien
plus, les nombreux chariots remplis de blessés et les voitures de bagages qui

encombrent la route de Bruxelles rendent la retraite impossible ; et cependant, une seconde fois, Wellington voit venir la défaite. Tout à coup, au loin, sur la droite et en arrière de notre champ de bataille. éclate l'artillerie de Bulow. Bientôt même, le général anglais, de sa position élevée sur le plateau, peut saisir la vive lueur des canons prussiens : la nouvelle court avec rapidité dans tous ses régiments ; la confiance y renaît, les rangs se raffermissent, les différents carrés se rapprochent du bord du plateau ; sur toute la ligne les Anglais reprennent l'offensive.

Lorsque l'Empereur, au bruit du canon de Bulow, avait arrêté la marche de sa garde, il avait fait dire au maréchal Ney que, ne pouvant disposer de sa réserve avant de connaître le résultat de l'intervention de ce nouvel adversaire, il lui recommandait de se borner à garder la Haie-Sainte, de la créneler et de suspendre toute opération offensive jusqu'à ce que l'effort du général prussien fût décidé ; Ney obéit ; mais Wellington, rassuré par l'arrivée de Bulow, n'avait pas tardé, ainsi que nous venons de le dire, de passer de la défense à l'attaque. Le premier résultat de ce mouvement fut une vigoureuse tentative contre la Haie-Sainte. Les régiments anglais chargés de reprendre cette position, énergiquement repoussés par notre infanterie, eurent, en outre, à supporter les coups des cuirassiers Milhaut et de la cavalerie légère de la garde, lanciers et chasseurs, que Ney lança successivement contre eux. Ces braves cavaliers, que leurs efforts précédents auraient dû lasser, et qui se battaient au milieu de boues épaisses, visqueuses, sur un terrain couvert de récoltes dont la hauteur atteignait le poitrail de leurs chevaux, étaient partis aux cris de *Vive l'Empereur !* Leur élan les avait portés au bord du plateau. Une fois là, ils ne veulent pas s'arrêter ; d'un bond furieux ils franchissent le talus, s'élancent sur les batteries qui couvrent le front de la ligne anglaise, sabrent les canonniers, et chargent les carrés d'infanterie destinés à protéger les pièces. Ney n'a pu voir, sans être ému, la charge brillante de sa cavalerie ; son ardeur l'emporte, il oublie les ordres de l'Empereur, et, se jetant sur la trace des chasseurs, des lanciers de la garde et des cuirassiers, lui-même monte à l'assaut de ce rempart jusqu'alors infranchissable, le gravit et paraît sur la crête, salué par les applaudissements de tous ses soldats. Il fait annoncer ce succès à l'Empereur, et sollicite de nouveau l'envoi de quelques régiments de la réserve. L'ennemi, disait-il, pliait sur tous les points ; une partie de ses carrés semblaient se retirer du champ de bataille. Napoléon, quand lui arriva cette nouvelle demande de renforts, venait d'envoyer au comte de Lobau toute l'infanterie de la garde dont il pouvait disposer. C'était la seconde fois, depuis moins d'une heure, que l'intervention des 30,000 Prussiens de Bulow, en arrière de notre flanc droit, empêchait l'Empereur de lancer contre l'armée anglaise ébranlée les forces qui devaient achever sa défaite. Dans un autre moment, il aurait applaudi au brillant fait d'armes de Ney; ce coup hardi le mécontenta; il dit au major général : « Voici un mouvement prématuré qui pourra avoir des résultats funestes sur cette journée. » Le duc de Dalmatie s'emporta contre son collègue : « Votre Majesté a raison, répondit-il ; il nous compromet comme à Iéna. »

Cependant les cuirassiers Milhaud et la cavalerie légère de la garde, désunis par l'énergie même de leur attaque, privés du soutien que Ney

Le maréchal Soult.

Wellington et Blücher s'embrassant devant la Belle-Alliance. — Page 107.

attendait, et chargés, à leur tour, par la cavalerie ennemie, n'avaient pas tardé à se voir repoussés du plateau et forcés, ainsi que le maréchal, de se replier derrière notre première ligne. Informé de ce mouvement rétrograde et voulant maintenir du moins celle-ci, Napoléon fait partir, à défaut d'infanterie, les deux divisions des cuirassiers Kellermann. Lorsque ces quatre brigades sont arrivées à la hauteur de la Haie-Sainte, et qu'elles se rangent pour charger, les cuirassiers Milhaud, les chasseurs et les lanciers de la garde, impatients de porter de nouveaux coups, viennent spontanément prendre place à côté d'elles. Bientôt toute cette magnifique cavalerie s'ébranle aux cris de *Vive l'Empereur!* Les grenadiers à cheval et les dragons de la garde, au nombre de 2,000 hommes, sous les ordres du général Guyot, se trouvaient en arrière. C'étaient les seuls régiments qui restaient à l'Empereur de cette réserve de grosse cavalerie qui, bien employée, lui avait donné tant de fois la victoire. Ils ne savent pas résister à l'entraînement de l'exemple, à ce besoin de combattre qui animait toute cette armée. En voyant leurs camarades de la garde et de la ligne s'avancer, ils s'avancent à leur tour. Vainement Napoléon, averti de ce mouvement intempestif, essaye de l'arrêter; les ordres des officiers qu'il envoie, étouffés sous les cris de *Vive l'Empereur!* poussés par tous les soldats, ne sont pas entendus. Cuirassiers Kellermann et Milhaut, lanciers et dragons, chasseurs et grenadiers à cheval de la garde, tous s'élancent droit à la cime du fatal plateau. Ils étaient 7,000 chevaux. La cime du plateau est une seconde fois franchie. Cette masse de cavaliers d'élite, dont le galop ébranle la terre, tombe avec la fureur de l'ouragan sur de longues files de cavalerie qu'ils voient rangées devant eux et qui semblent les attendre. Celles-ci se replient immédiatement à droite et à gauche et démasquent une batterie de 60 pièces qui vomit la mort sur nos soldats. Ces braves gens n'en sont pas ébranlés; ils se précipitent sur les canons, renversent, tuent les canonniers, et, continuant leur course intrépide, se lancent sur les carrés d'infanterie formés en arrière des batteries qu'ils viennent d'emporter. Les carrés tiennent ferme, nos escadrons tourbillonnent autour d'eux; quelques-uns, dans leur élan, traversent la seconde ligne anglaise et viennent jeter le désordre dans les réserves. En ce moment, nos 7,000 cavaliers parcourent en maîtres toute la surface du plateau; ils le sillonnent dans tous les sens du pied de leurs chevaux, à travers les espaces libres qui séparent chaque carré. Ils chargent partout, sur tous, sans pouvoir cependant briser la passive résistance de l'infanterie britannique. Après chaque charge, le carré qu'ils quittent se déploie et les accable de son feu; nos cavaliers reviennent, le carré se reforme : onze fois la brigade du major général Hackett répéta cette manœuvre; elle fut chargée onze fois. Cette brigade était composée des 69ᵉ, 30ᵉ, 33ᵉ et 73ᵉ régiments. Après la onzième charge pourtant, le 69ᵉ était taillé en pièces; les deux tiers des soldats composant les trois autres régiments étaient couchés par terre. Sur certains points de la seconde ligne, des escadrons français, anglais, hollandais, chargeant les uns contre les autres, se trouvèrent mêlés[1]. Cette effroyable lutte, dont l'his-

---

[1] Un des régiments français engagés dans cette lutte, le 2ᵉ lanciers, avait pour colonel le

toire offre peu d'exemples, dura près de deux heures[1]. Wellington, lord Hill,
le prince d'Orange, au milieu de cette mêlée, courent d'un carré à l'autre, et,
s'y tenant alternativement renfermés, encourageant leurs soldats, leur rappel-
lent la présence des Prussiens sur nos derrières et leur annoncent l'arrivée
de nouveaux secours. « Tenez fermes, *my boys*[2], s'écriait Wellington ; si nous
quittons d'ici, que dira-t-on de nous en Angleterre ? » Les fantassins anglais
doublent et triplent leurs rangs, mais à chaque instant de nouvelles charges
les entament ; Wellington, d'ailleurs, voudrait vainement abandonner le champ
de bataille ; non-seulement son unique route de retraite à travers la forêt est
fermée par les voitures des blessés, par les fourgons et par les chariots qui
l'encombrent, mais la présence de notre cavalerie au milieu de ses régiments,
qu'elle atteint par des charges sans relâche, le met dans l'impossibilité de
faire la moindre disposition, d'ordonner le moindre mouvement. « Mon Dieu !
s'écrie-t-il avec désespoir, me faudra-t-il donc voir tailler en pièces tous ces
braves gens[3] ! » Un aide de camp lui annonce que la 5ᵉ division, réduite de
4,000 hommes à 400, ne peut plus tenir ses positions. « Il faut pourtant
qu'elle reste avec moi sur le terrain jusqu'au dernier homme, répond le duc ;
il n'y a que la nuit ou Blücher qui puissent nous tirer d'ici. » La ténacité de
ses soldats répond, au reste, à la sienne ; ils semblent cloués à la terre. A ce
moment, toutefois, le moindre effort décidait la victoire ; mais, par une fatalité
déplorable, tandis que notre réserve de cavalerie tourbillonnait sur le plateau,
les soldats du comte de Lobau, ainsi que les régiments de la garde, formant
notre réserve d'infanterie, combattaient en arrière de notre ligne de bataille,
à Planchenoit. Ils venaient d'y écraser les Prussiens.

D'abord la marche offensive de ces derniers s'était arrêtée, puis leur feu
était demeuré stationnaire ; bientôt les boulets de l'artillerie prussienne avaient
cessé d'arriver sur la chaussée ; une demi-heure après, Bulow, abordé à la
baïonnette par la division de jeune garde que conduisait le général Duhesme,
et par les fantassins du 6ᵉ corps que soutenaient des charges fournies par la
cavalerie des généraux Domon, Jacquinot et Subervie, se voyait chassé de

baron Sourd, qui, atteint de six coups de sabre à la suite d'une charge où il venait de tuer un
colonel anglais et plusieurs soldats, se vit forcé de subir l'amputation du bras droit. L'opération
eut lieu à l'instant même, sur le champ de bataille ; quand elle fut achevée, Sourd remonta à cheval, et, du seul bras qui lui restait, chargea de nouveau les Anglais.

[1] « Le duc de Wellington m'a assuré lui-même, au congrès de Vérone, qu'il n'avait jamais
rien vu de plus admirable à la guerre que les charges réitérées des cuirassiers français sur ses
troupes de toutes les armes. » (Note du général Jomini ; *Campagne de 1815.*)

[2] *Mes enfants, mes garçons.*

[3] *La cavalerie française nous entourait comme si c'eût été la nôtre.* (Lettre de lord
Wellington à lord Beresford. — *Recueil des dépêches et ordres du jour*, déjà cité, nº 972.)

Planchenoit. Au bout d'une heure, le lieutenant de Blücher, repoussé par Lobau au delà de ses premières positions, se retirait en désordre. Le rôle actif de cette seconde armée ennemie, sur le champ de bataille, venait de cesser.

Napoléon connut la retraite de Bulow en même temps que les premiers résultats de l'irruption de notre grosse cavalerie sur le plateau de Mont-Saint-Jean. Ce plateau formidable était enfin dans nos mains ; nos cavaliers le parcouraient librement et en maîtres dans tous les sens ; et six drapeaux, gage de leur triomphe, venaient d'être présentés à l'Empereur en face de la Belle-Alliance par trois chasseurs de la garde et par trois cuirassiers. Cette fois, la victoire paraissait certaine. Une armée prussienne qui, de toute la campagne, n'avait pas tiré un coup de fusil, venait de nous attaquer lorsque nous étions en plein combat contre des forces anglaises presque doubles des nôtres ; et pourtant nous l'avions emporté sur ces deux adversaires, nous avions vaincu deux armées sur le même champ de bataille. 65,000 Français, privés la plupart de nourriture depuis la veille, et luttant au milieu de la boue, avaient battu 120,000 hommes. La joie, autour de Napoléon, était sur toutes les figures, l'espoir dans tous les cœurs. Cette joie devait être courte.

La charge de nos 7,000 cavaliers sur le plateau, mieux dirigée, convenablement conduite, aurait décidé de la journée ; faute d'un chef, elle fut stérile. Si Murat, par exemple, s'était trouvé à la tête de cette masse de cavalerie, pas un bataillon anglais ne serait resté debout[1]. Malheureusement aucun des généraux mêlés à cet effort ne possédait une autorité morale suffisante ni une main assez vigoureuse pour maîtriser tous ces régiments. Il y avait un même entraînement, mais nul ensemble. Les coups restaient pour ainsi dire isolés ; chaque régiment, chaque escadron chargeait, en quelque sorte, pour son propre compte. D'un autre côté, la fatigue des chevaux met une limite à

---

[1] On sait que Murat, le 11 janvier 1814, avait fait alliance avec la coalition, au moment où son secours était le plus utile à la cause impériale. Au mois d'avril 1815, il avait attaqué l'Autriche lorsque l'Empereur avait un puissant intérêt à ce que son beau-frère se réservât pour une diversion qui pût coïncider avec la nouvelle lutte que la France allait engager contre l'Europe. Sa défection et sa levée de boucliers prématurée furent également fatales à Napoléon. Battu par les Autrichiens à Tolentino, le 4 mai, forcé de quitter Naples le 20, Murat débarqua le 25 sur la plage de Cannes, et fit demander à Napoléon la permission de se rendre à Paris. L'Empereur lui fit défendre de se présenter devant lui et lui assigna le département du Var pour résidence. La double faute de Murat était sans excuse, sans doute ; mais il l'aurait probablement rachetée comme soldat sur le champ de bataille de Waterloo. Son absence fut regrettée. Napoléon disait à Sainte-Hélène : « Je l'eusse emmené à Waterloo (Murat) ; mais il y avait dans l'armée française tant de moralité et de patriotisme, qu'il est douteux qu'elle eût voulu supporter le dégoût qu'avait inspiré celui qu'elle disait avoir trahi, perdu la France. Je ne me crus pas assez puissant pour l'y maintenir, et pourtant il nous eût valu peut-être la victoire. Jamais, à la tête de la cavalerie, on ne vit personne de plus déterminé, de plus brave, d'aussi brillant... Deux fois en proie aux plus étranges vertiges, il fut la cause de nos malheurs : en 1814, en se déclarant contre la France ; en 1815 en se déclarant contre l'Autriche. »

l'élan de la cavalerie la plus brave, et les bras les plus robustes se fatiguent
eux-mêmes à frapper. Il arriva donc que, privés de direction, désunis par

Cavalerie anglaise chargeant à l'arrivée des Prussiens. — (Page 104).

leurs mouvements autour de chaque carré, décimés par le terrible feu
de l'infanterie anglaise, lassés, épuisés, nos héroïques cavaliers, attaqués à

leur tour par la cavalerie britannique restée inactive pendant la plus grande partie de cette lutte, se virent, au bout de deux heures de charges sans relâche, ramenés au pied de la position. Ils s'y arrêtèrent, les cuirassiers en première ligne, bravant, sans bouger, le feu des pièces qu'ils avaient prises et qui tiraient maintenant contre eux, le feu de l'infanterie qu'ils avaient si long-temps sabrée et qui se tenait à demi-portée de fusil sur le bord de la rampe. sans oser la dépasser[1].

Il était alors sept heures du soir. Quelques instants auparavant, l'Empe-reur, averti du mouvement offensif de la cavalerie anglaise, s'était hâté de donner à quatre bataillons de moyenne garde, revenus les premiers de Plan-chenoit, l'ordre d'aller maintenir notre grosse cavalerie sur les positions qu'elle avait conquises sur le plateau, et que, dans sa pensée, elle devait encore occuper. Lui-même, maintenant que l'intervention de Bulow sur nos derrières se trouvait annulée, il résolut de se placer à la tête du reste de ses troupes pour achever ce que l'effort de toute notre cavalerie n'avait pu accom-plir : la destruction de l'armée anglaise. Pendant qu'il faisait ses dispositions dans ce but, et que, pour appuyer sa droite. il dirigeait sur Planchenoit le général Pelet avec les chasseurs à pied de la garde, les quatre bataillons de moyenne garde approchaient du plateau. L'apparition de cette nouvelle colonne, dont tous les soldats portaient de hauts bonnets à poil et qui s'avan-çait silencieuse et compacte, frappa Wellington, revenu à ce moment à sa place de bataille. Opposer des hommes à ces hommes d'élite, c'était courir la chance d'un échec presque certain; le duc ordonna de briser la colonne à coups de canon, une batterie, qui ne devait tirer qu'à mitraille, vint immédia-tement s'établir dans la direction des quatre bataillons. Au moment du choc, le général anglais et son état-major devinrent attentifs ; la mousqueterie autour d'eux cessa.

La tête de la colonne ne tarda pas à se trouver à portée; les soldats qui la composaient montaient lentement les pentes du plateau; ils marchaient de front, alignés et calmes comme en un jour de revue; tous avaient l'arme au bras. Les canons anglais tonnent. Wellington et les officiers qui l'entourent regardent : la forêt de bonnets à poil qu'ils ont devant eux subit alors. dans sa partie la plus rapprochée, ce mouvement d'ondulation qu'imprime un fort coup de vent aux hauts épis d'un champ de blé. Le balancement s'affaiblit et s'efface. La colonne se remet en marche; elle semble moins profonde,

---

[1] Lorsque les cuirassiers qui avaient combattu à Waterloo rentrèrent en France. après cette fatale et courte campagne. on remarquait avec étonnement que presque tous étaient blessés au bras gauche : c'était le côté du corps que. dans la position prise par eux après cette charge. ils présentaient à l'artillerie et à la mousqueterie anglaises.

mais le pas des soldats est toujours aussi ferme et aussi lent, les fusils sont aussi droits, les files aussi égales, aussi serrées ; on n'entend pas un coup de feu, pas le moindre cri. Une seconde décharge éclate : on a tiré de plus près. L'oscillation à la surface des premiers rangs est plus prononcée que la première fois ; comme la première fois, les bonnets et les fusils, après s'être lentement penchés à plusieurs reprises de la gauche à la droite et de la droite à la gauche, se redressent. La colonne se meut de nouveau ; elle avance toujours lente, toujours silencieuse ; son front, toujours aligné comme un mur, ne présente aucun vide ; seulement sa masse semble considérablement réduite. La lueur des canons anglais brille une troisième fois. L'état-major ennemi, quand la fumée est dissipée, interroge avidement le terrain : la colonne apparut encore à la même place, ont dit des témoins oculaires ; mais les soldats restés debout demeuraient immobiles ; bientôt on les vit s'éloigner ; deux bataillons venaient d'être presque entièrement détruits ; les deux autres se retiraient en frémissant.

Pendant ce temps, l'Empereur appelait à lui les troupes de Reille restées à Hougoumont, et faisait ses dispositions pour l'attaque qui devait donner le coup de grâce à l'armée anglaise.

Le jour baissait ; il était plus de huit heures. Dans le même moment, Wellington, comprenant que cette attaque serait la dernière, disposait sa défense en général qui sait que le secours lui arrive, que son salut tient à une résistance de courte durée, tandis que, s'il faiblit, pas un canon, pas un homme de son armée ne peut échapper. Tous les détachements encore debout autour de lui, les soldats d'artillerie que nos cavaliers n'avaient pu atteindre, les pièces qu'ils ont enlevées sans pouvoir les emmener[1], tout ce qui lui reste de force, en un mot, est concentré sur le bord du plateau. Le calme du duc pourtant l'abandonne ; il est visiblement alarmé. A chaque instant, il interroge sa montre ; de minute en minute, il envoie des officiers en découverte dans la direction d'Ohain.

L'abandon du plateau par notre cavalerie, mais surtout le mouvement rétrograde des quatre bataillons de moyenne garde que l'artillerie anglaise venait de repousser, avaient ébranlé l'infanterie du prince de la Moskowa. L'Empereur, averti, prend les devants sur sa garde, et arrive près de la Haie-Sainte au moment où plusieurs régiments du maréchal se mettaient en pleine retraite. Sa présence les ranime, il leur parle, les exalte. Bientôt que re nouveaux bataillons de la moyenne garde paraissent ; les soldats de Reille

[1] Deux fois nos troupes étaient parvenues sur le plateau. Chaque fois, à l'approche de nos soldats, les artilleurs anglais, avec les avant-trains des pièces et les chevaux, se retiraient dans l'intérieur des carrés d'infanterie.

arrivent à leur tour. Napoléon forme de toutes ces troupes plusieurs colonnes
d'attaque et va se placer à gauche de la Haie-Sainte, au fond du ravin, pour
présider à leur défilé. Puis, tandis que l'artillerie des deux armées, tonnant
sur les deux hauteurs de Mont-Saint-Jean et de la Belle-Alliance, forme sur
sa tête une voûte de feu, il jette à chaque régiment quelques paroles ardentes,
et répond aux cris d'enthousiasme des soldats en leur montrant, de la main,
la formidable position qu'ils doivent enlever[1]. Tous semblent animés d'une
vigueur et d'une énergie nouvelles. Des blessés, en grand nombre, le visage
ensanglanté ou meurtri, sont mêlés dans les rangs décidés à se battre tant
qu'ils se tiendront debout, impatients de concourir à la victoire, résultat certain, pour eux, du dernier effort ordonné par leur chef. Les officiers agitent
leurs épées, les fantassins leurs fusils, les cavaliers leurs sabres. L'exaltation
est dans toutes les âmes; tous jurent de vaincre : Ney les conduit.

Dans ce moment, une vive fusillade éclate à notre extrême droite. Des
officiers accourent; ils annoncent que les corps allemands et belges formant
l'extrême gauche de l'armée anglaise, attaqués et pris à dos par des troupes
arrivant de Wavres, sont chassés à coups de canon et à coups de fusil des
positions qu'ils défendent contre nous, et se replient dans le plus affreux désordre sur le centre de Wellington. « C'est Grouchy! » s'écrie Napoléon.
Labédoyère court à la tête des colonnes; il annonce la nouvelle; des cris de
Vive l'Empereur ! lui répondent; puis on entend ces mots sortir de toutes les
bouches : *En avant! en avant!*

Napoléon, pendant toute la bataille de Ligny, avait vainement appelé
les 47,000 hommes de son *aile gauche ;* pendant toute la bataille de Waterloo,
il devait attendre non moins vainement les 35,000 hommes de son *aile droite.*

Les instructions données par l'Empereur au maréchal Grouchy, la veille
17, sur le champ de bataille de Ligny, étaient ainsi conçues :

« Mettez-vous à la poursuite des Prussiens, complétez leur défaite en les attaquant
dès que vous les aurez joints; ne les perdez jamais de vue. Je vais réunir au corps du
maréchal Ney les troupes que j'emmène, marcher aux Anglais, et les combattre s'ils
tiennent de ce côté-ci de la forêt de Soignes; vous correspondrez avec moi par la route
pavée qui mène aux Quatre-Bras[2]. »

---

[1] La profondeur du ravin tenait surtout à l'exhaussement du plateau de Mont-Saint-Jean.
Depuis le nivellement du plateau, ce ravin n'est plus qu'un simple pli de terrain. Ainsi la Haie-
Sainte, malgré sa position entre les deux armées, ne fut pour ainsi dire pas atteinte par les boulets tirés d'un plateau à l'autre : les cheminées, les toits, en furent à peine endommagés. Aujour-
d'hui des batteries, occupant les mêmes positions que les batteries anglaises, raseraient toute la
partie supérieure des bâtiments.

[2] Ces instructions étaient verbales; nous les donnons *telles* que M. de Grouchy lui-même les
a reproduites dans les nombreux écrits qu'il a publiés sur son rôle dans la journée du 18 juin.

Le chef de l'*aile droite*, on le sait, s'était arrêté, le soir du 17, à Gembloux, après avoir fait moins de deux lieues. La fâcheuse lenteur de cette

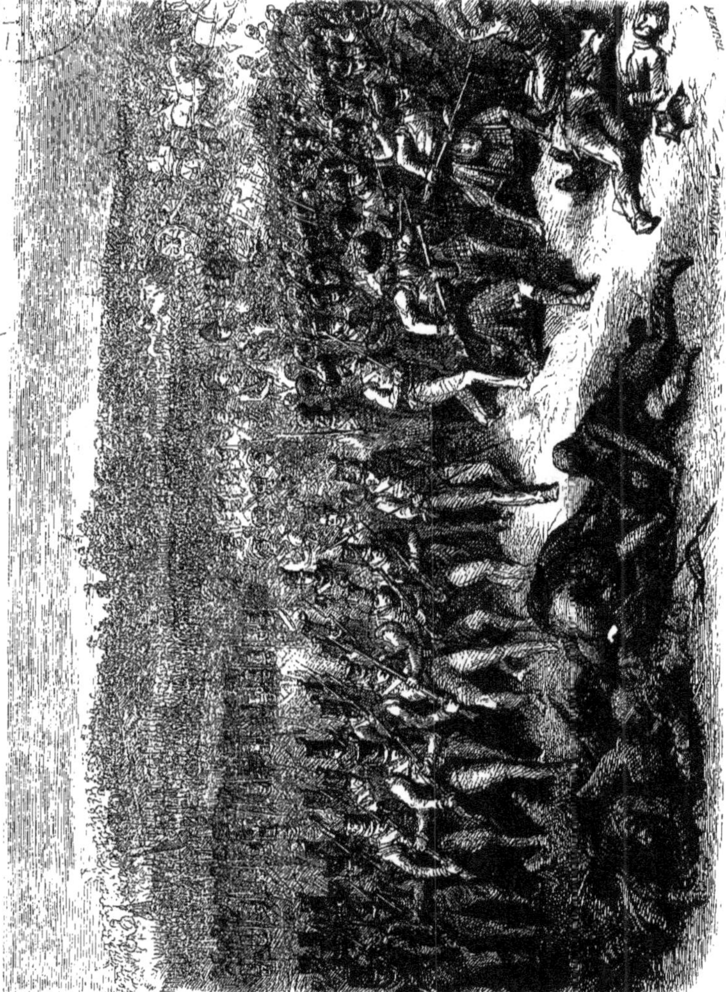

L'armée anglaise descend le plateau de Mont-Saint-Jean. — (Page 104).

marche, résultat, nous l'avons dit, de retards indépendants de la volonté du maréchal, devait et pouvait se trouver réparée le lendemain. En admettant même que M. de Grouchy n'eût pas reçu, ainsi qu'il l'a constamment affirmé, les deux ordres verbaux qui lui furent expédiés par l'Empereur dans la nuit du 17 au 18[1], ordres dont il a même nié la réalité et qui auraient été composés, a-t-il dit, dans les loisirs de Sainte-Hélène, toujours est-il que, détaché à la poursuite d'un ennemi battu dont il avait perdu la trace, et qui avait sur lui l'avance d'une journée, l'intelligence la plus vulgaire de sa position et de ses devoirs lui imposait l'obligation de se mettre en marche *dès la pointe du jour*. Or des documents irrécusables que nous avons sous les yeux constatent que, le 18, à une époque de l'année où le jour commence à trois heures du matin, le maréchal était encore, de sa personne, à Gembloux entre *sept et huit heures,* et que ce fut seulement vers cette heure-là que le 4e corps (Gérard) reçut enfin son ordre de mouvement. « Nous perdons un temps bien précieux, disait le général Gérard, sur les sept heures, à l'inspecteur aux revues Denniée; je ne puis pas provoquer les ordres du maréchal, je ne le veux pas; mais vous, qui le connaissez, allez le voir, et tâchez de savoir ce qu'il veut faire. »

Dans son rapport, daté de Gembloux, *dix heures du soir*[2], le maréchal Grouchy disait à l'Empereur : « Le général Excelmans a ordre de pousser ce soir six escadrons sur Sart-à-Walhain... D'après leur rapport, si la masse des Prussiens se retire sur Wavres, je la suivrai dans cette direction afin qu'ils ne puissent gagner Bruxelles et *de les séparer de Wellington.* » Dans la soirée, le général Excelmans, qui suivait les Prussiens pas à pas, malgré le mauvais temps, et bien qu'il fût sans un seul peloton de cavalerie légère, avait fait dire, en effet, au maréchal « que les Prussiens se retiraient sur Wavres *pour se rapprocher de l'armée anglaise.* » Le lendemain, de bonne heure, Excelmans lui avait encore envoyé le chef d'escadron d'Estourmel pour lui répéter que « l'armée prussienne avait *continué son passage à Wavres* pendant une partie de la nuit et de la matinée, *pour se rapprocher des Anglais.* » Ces informations, que confirmaient, au reste, tous les renseignements donnés par les gens du pays[3], décidèrent le maréchal à se porter sur Wavres. Cette direction était, pour ainsi dire, parallèle à la route suivie par l'Empereur depuis les Quatre-Bras; la distance, entre ces deux lignes, variait de trois à quatre lieues; la Dyle coulait entre elles deux.

Nous venons de dire combien les ordres de mouvement avaient été tar-

---

[1] Voir ces deux ordres, pages 58 et 59.

[2] Voir ce rapport, page 59.

[3] « Les domestiques mêmes de son hôte, M. Dehuc, que les Prussiens avaient pris pour guides, vinrent rendre compte de la direction qu'ils avaient prise (Wavres). » (Général G. de VAUDONCOURT, *Campagnes de 1844 et de 1815.*)

difs; ils furent, en outre, si négligemment donnés, que le 4ᵉ corps se vit
obligé de faire halte au sortir de Gembloux, pour laisser défiler le 3ᵉ (Vandamme), qui devait marcher avant lui, et que le général Gérard ne put se mettre
définitivement en route qu'à neuf heures [1]. Enfin, les principaux corps de cette
armée, par une disposition passablement étrange, marchaient sur une seule
colonne.

On compte environ trois lieues et demie de Gembloux à Wavres. A onze
heures le 4ᵉ corps avait parcouru le tiers à peu près de cette distance, et se
trouvait à la hauteur des villages de Walhain et de Sart-à-Walhain, distants
l'un de l'autre de moins d'un quart de lieue. Le général Gérard apprenant
que le maréchal était arrêté dans ce dernier village, vint l'y trouver. Quand
Gérard entra, le général en chef était à table [2]. Des officiers, en grand
nombre, remplissaient la maison ou se promenaient dans le jardin; un de
ceux-ci, le colonel Simon-Lorrière, faisant les fonctions de chef d'état-major
du 4ᵉ corps, en remplacement du général Saint-Rémy, grièvement blessé
l'avant-veille, crut entendre des détonations d'artillerie sur la gauche, dans la
direction qu'avait dû suivre l'armée conduite par l'Empereur. Le bruit était
sourd; il tombait une pluie très-fine. Les détonations se répétèrent. Le
colonel courut avertir le chef du 4ᵉ corps. Ce dernier et le maréchal sortirent
immédiatement et allèrent se placer au centre du jardin, dans un kiosque
où se trouvaient déjà plusieurs généraux ainsi qu'un assez bon nombre d'officiers d'état-major, tous attentifs au bruit. Plusieurs de ces derniers, M. de
Rumigny, aide de camp du général Gérard, entre autres, étaient couchés
l'oreille contre terre, pour mieux saisir la direction des décharges; tous décla-
raient qu'elles venaient de la gauche. La pluie bientôt cessa; les nuages
s'élevèrent, les coups alors se firent plus distinctement entendre; la canonnade resta quelque temps stationnaire, puis elle augmenta et devint enfin si
forte, qu'au dire de tous les témoins de cette scène, la terre en tremblait.
« C'est une seconde bataille de Wagram! » s'écria le maréchal Grouchy lui-
même.

On fit appeler le maître de la maison, un notaire nommé Hollaert. Le
maréchal lui demanda quel était le lieu d'où ces décharges effroyables semblaient venir. M. Hollaert indiqua la forêt de Soignes, distante d'environ trois
lieues et demi. « Il faut marcher sur-le-champ au canon, monsieur le maréchal, dit le général Gérard; il faut nous mettre promptement en rapport

---

[1] Tous ces détails, ainsi que ceux qui précèdent, comme ceux qui vont suivre, sont textuel-
lement reproduits de documents originaux que nous avons sous les yeux.

[2] « Je le trouvai mangeant des fraises. » (Maréchal GÉRARD. *Quelques documents sur la
bataille de Waterloo.*)

d'opérations avec l'Empereur. » Le maréchal objecta ses ordres. Il devait, disait-il, suivre l'ennemi et ne pas le quitter. « Eh bien, répliqua Gérard, permettez-moi d'exécuter le mouvement avec mon seul corps et la division de cavalerie du général Valin ; vous suivrez les Prussiens avec le reste des troupes. Ce que vous avez devant vous ne saurait vous inquiéter, puisque le général Excelmans vous a informé que Blücher a franchi la Dyle dans la nuit avec la majeure partie de ses forces ; dans tous les cas, la jonction de mon corps avec l'armée de l'Empereur ne peut qu'être utile à vous et à Sa Majesté. »

Dans ce moment, un groupe d'officiers parmi lesquels se trouvait le général Valazé, fit irruption dans le jardin ; tous accouraient étendant la main vers la gauche et s'écriant : « Voilà la bataille ! c'est là qu'est la bataille ! » Le général Valazé était accompagné d'un guide sorti de la garde impériale et qui avait revêtu son ancien uniforme. « Où est le feu ? lui demanda le général. — Vers Mont-Saint-Jean, répondit le guide, et dans trois heures nous pouvons être où l'on se bat [1]. » M. Hollaert, consulté une seconde fois, confirma cette déclaration. « Il faut marcher au canon ! dit encore le général Gérard avec une chaleureuse insistance. — Au canon ! répétaient le général Valazé et tous les officiers groupés autour du kiosque. — Au canon ! au canon ! » criaient également les dragons du colonel Briqueville (20ᵉ régiment), ainsi qu'une foule d'officiers et soldats de toutes armes, qui, émus eux aussi, par le bruit de l'artillerie, se tenaient debout tout à l'entour du jardin, et suivaient avec une attention inquiète chacun des détails de l'espèce de conseil réuni sous leurs yeux dans l'intérieur ouvert du kiosque. Les dragons étaient les plus animés ; montrant de la main de légers nuages suspendus à l'extrémité la plus reculée de l'horizon, ils y voyaient la fumée du champ de bataille ; quelques-uns même affirmaient distinguer la lueur des obus.

On continuait cependant à discuter. Le maréchal, s'appuyant de l'autorité du général d'artillerie Baltus, faisait observer que par suite du mauvais état des chemins, que les pluies de la veille et de la nuit avaient détrempées, les voitures de l'artillerie ne pourraient suivre les troupes. « J'ai trois compagnies de sapeurs, répliquait le général Valazé ; elles me suffiront pour aplanir les difficultés principales. — Dans tous les cas, ajoutait le général Gérard, je

---

[1] « La distance exacte de Sart-à-Walhain à Frischermont (entre Lasne et Planchenoit) n'est pas de plus de quatre heures, d'après les renseignements pris sur les lieux mêmes, et qui constatent qu'elle peut être facilement parcourue, à pied, en trois heures et demie. De plus, il existe un pont pour les voitures à Ottignies, village qui touche à Moustiers. » Maréchal GÉRARD. *Dernières observations sur la bataille de Waterloo.*

réponds d'arriver avec les pièces et leurs coffrets. » Instances vaines! Il
n'était pas une heure, le maréchal pouvait paraître sur c champ de bataille

L'armée française bat en retraite. Les derniers coups de canon. — (Page 106).

de Waterloo avant même l'attaque de Bulow à Planchenoit. Il donna l'ordre
de continuer la marche sur Wavres.

Le hasard cependant faillit à triompher des hésitations du marquis de Grouchy.

On a vu que le général Domon, détaché par Napoléon sur les onze heures, vers les positions où s'étaient montrés les premiers détachements de Bulow, avait envoyé dans différentes directions des patrouilles d'élite *pour communiquer avec le maréchal Grouchy et lui porter des avis et des ordres*[1]. Quelques-unes de ces patrouilles, appartenant à un régiment de hussards commandé par le colonel Marbot, avaient poussé jusqu'à la Dyle et s'étaient arrêtées sur les ponts de Moustiers et d'Ottignies. Tandis que ces reconnaissances se portaient ainsi à la rencontre des troupes de l'*aile droite* par la rive gauche de la Dyle, le général Excelmans avec son corps de dragons s'avançait dans la même direction par la rive droite. Ce général, averti, lui aussi, par le canon de Waterloo, voulait passer la rivière. Il porta sa brigade de gauche, commandée par le général Vincent, vers Moustiers. Les bords de la Dyle, en cet endroit, sont couverts de bouquets de bois et de broussailles épaisses. Excelmans avait besoin de quelques détachements d'infanterie pour appuyer son mouvement. Il les fit demander au maréchal, et attendit leur arrivée pour donner à sa brigade de gauche, alors arrêtée à la ferme de la *Paquerie*, l'ordre de se porter sur l'autre rive. Le maréchal lui fit répondre qu'il allait se rendre près de lui et lui donner des ordres. A quelques instants de là, Excelmans aperçut la brigade qui se repliait; étonné de ce mouvement, il court au général Vincent. Ce dernier, lui montrant le maréchal qui s'éloignait, dit qu'il venait d'en recevoir l'injonction de quitter les approches de la rivière et de rejoindre la droite.

Vainement Excelmans se récria contre ce mouvement étrange qui réunissait les troupes de toutes armes sur une ligne et les éloignait du point où le canon se faisait entendre, la brigade Vincent dut poursuivre son changement de direction. Encore quelques pas, pourtant, et les dragons de ce général donnaient la main aux hussards du colonel Marbot. Ces hussards, qui communiquaient par une série de petits postes à l'armée de Waterloo, restèrent plusieurs heures sur les ponts de Moustiers et d'Ottignies, ne se doutant pas que les 35,000 hommes dont ils attendaient des nouvelles défilaient à quelques centaines de toises de là, sans que le chef qui conduisait cette armée prît la précaution de faire éclairer par une seule patrouille les bords de la rivière dont il descendait le cours, sans que la pensée lui vînt d'envoyer une seule reconnaissance sur les ponts que, dans sa marche, il laissait ouverts derrière lui. Ces oublis des plus simples règles de la guerre sont d'autant plus inconce-

[1] Voir plus haut, page 70.

vables, que les décharges d'artillerie, cause d'émotion si profonde pour les simples soldats comme pour les généraux de son armée, n'étaient pas les seuls avertissements qui lui fussent transmis.

Le général Berthezène, commandant une des divisions (la 11ᵉ) du corps de Vandamme, était arrivé sur les deux heures à *la Baraque*, à une lieue environ de Wavres. Le plateau, sur ce point, est assez élevé, et domine une partie du bassin de la Dyle. Depuis midi, les régiments de ce général, comme tous les autres corps de l'armée, marchaient poursuivis par le bruit du canon de Waterloo. Parvenus sur les hauteurs, les officiers et les soldats interrogèrent avidement du regard la partie de l'horizon d'où partaient ces lointaines décharges d'artillerie. Les objets restèrent d'abord fort confus ; mais bientôt ils purent apercevoir, assez près d'eux, sur les plateaux régnant de l'autre côté de la Dyle, plusieurs corps de troupes en mouvement. Le général Berthezène dépêcha sur-le-champ au maréchal un officier chargé de lui annoncer que, de sa position, il *voyait très-distinctement les Prussiens* qui marchaient *dans la direction du feu.* « Dites au général, répondit le maréchal Grouchy, qu'il soit tranquille ; nous sommes sur la bonne route ; nous avons des nouvelles de l'Empereur, et il nous ordonne de marcher sur Wavres. »

Le maréchal devançait les faits : à ce moment de la journée il ne lui était encore rien arrivé du quartier impérial. Ce ne fut que longtemps après ce nouvel avertissement, à *quatre heures du soir,* lorsqu'il se trouvait déjà devant Wavres, que le chef de l'*aile droite* reçut la première dépêche *écrite* de l'Empereur, celle datée de la ferme du Caillou, *dix heures du matin*[1]. Au lieu de couper au plus court, l'officier chargé de la porter était revenu à Genape et aux Quatre-Bras, puis gagnant Sombref, Gembloux et Sart-à-Walhain, il avait enfin rejoint le maréchal Grouchy à moins d'une demi-lieue de Wavres. Il venait de faire onze lieues, et avait mis six heures à franchir cette distance. L'arrivée de la seconde dépêche *écrite,* datée du champ de bataille de Waterloo à *une heure après midi,* ne devait pas être moins tardive ; elle ne parvint au maréchal Grouchy qu'à *sept heures du soir.* La première dépêche aurait dû lui arriver vers une heure ; la seconde vers les quatre heures. Étrange fatalité ! Deux ordres contenant le salut de toute une armée, de tout un empire, sont l'un et l'autre confiés, en *un seul* original, à *un seul* officier, lorsque le moindre accident, un simple faux pas, une chute, suffisent pour annuler cette double mission. Et, comme si ce n'était pas assez, chaque officier, au lieu de trois lieues en fait onze, et, au lieu de deux ou trois heures, reste six heures

---

[1] L'heure à laquelle cette dépêche est arrivée au maréchal a été fixée par lui-même dans ses nombreux écrits ; il est d'accord, à cet égard, avec les principaux officiers de son armée.

en chemin ! Jamais, nous le croyons, il n'y eut exemple, en des circonstances aussi graves, d'une pareille incurie. Le nombre fut considérable, au reste, pendant cette guerre de quatre jours, des ordres mal envoyés, reçus tardivement ou perdus. Il n'en était pas ainsi dans les précédentes guerres. Berthier, les jours de bataille, au lieu d'un ordre et d'un officier, faisait partir dix officiers et dix ordres, et ne cessait de s'inquiéter d'une mission que lorsqu'elle était accomplie. Bien des fautes qui furent faites n'auraient pas eu lieu si le prince de Neufchâtel avait occupé son ancienne place dans l'état-major impérial ; son absence et la nomination du maréchal Soult furent une des fatalités qui pesèrent sur Napoléon dans la campagne de 1815.

Le maréchal Grouchy, même à quatre heures du soir, pouvait encore intervenir utilement sur le champ de bataille de Waterloo. La dépêche qu'il venait de recevoir contenait ces passages : « Sa Majesté désire que vous dirigiez vos mouvements sur Wavres, AFIN *de vous rapprocher de nous, vous mettre* EN RAPPORT D'OPÉRATIONS *et* LIER *vos* COMMUNICATIONS. *Sa Majesté va faire attaquer l'armée anglaise. Ne négligez pas de* LIER *vos communications.* » L'Empereur ne pouvait pas dire plus ; il n'était pas avec sa droite ; il ne savait pas ce qui se passait devant elle ; il ignorait même le point précis où elle se trouvait. D'ailleurs, le *rapport des opérations* et la *liaison des communications* étaient évidemment le *but* des mouvements indiqués au maréchal : ce but, bien que très-clairement désigné, lui échappa ; il ne vit que l'indication d'un mouvement sur Wavres. Or sa cavalerie légère, dans ce moment-là même, était devant cette ville, tiraillant avec les Prussiens : dans la pensée du maréchal, les ordres de l'Empereur se trouvaient remplis.

Le 3ᵉ et le 4ᵉ corps, au milieu de tous les incidents que nous venons de raconter, avaient continué leur marche. Celui de Vandamme (3ᵉ) arriva devant Wavres vers les quatre heures. Un de ses bataillons fut chargé d'enlever, au-dessus de la ville, un passage défendu par un moulin dépendant du village de Bierge. Cette attaque fut longtemps sans résultat. Le maréchal, apprenant l'arrivée du 4ᵉ corps, accourut au-devant du général Gérard, et lui donna l'ordre de faire relever, par un de ses bataillons, celui qui essayait vainement d'emporter la position du moulin. Gérard fit observer au maréchal que ce remplacement, opéré au milieu d'une attaque et devant l'ennemi, aurait le double inconvénient de faire perdre un temps précieux et de rehausser la confiance des Prussiens en diminuant celle de nos troupes. Au lieu de retirer le bataillon engagé, mieux vaudrait, disait-il, le faire soutenir ; et il proposait d'envoyer sur-le-champ aux soldats de Vandamme tous les renforts dont ils auraient besoin. Le maréchal Grouchy ne voulut rien entendre et s'éloigna en exigeant l'exécution absolue de son ordre. Le général Gérard, se tournant alors vers un de ses aides de camp, **M.** de Rumigny, lui dit : « Quand un homme de cœur est le témoin impuissant de tout ce qui se passe depuis ce matin, quand il reçoit des ordres pareils à ceux-ci et que le devoir le force d'y obéir, il ne lui reste qu'à se faire tuer. » Appelant aussitôt à lui un des bataillons de la division Hulot, il en prend le commandement, met l'épée à la main, et se porte rapidement sur la position. A quelques instants de là, le général Gérard tombait frappé d'une balle en pleine poitrine [1].

L'Empereur se jette au-devant de l'ennemi. — (Page 106).

Quatre ordres avaient été expédiés au chef de l'*aile droite* depuis son départ du champ de bataille de Ligny : deux ordres *verbaux* dans la nuit du 17 au 18, deux ordres *écrits* dans la première moitié de la journée du 18. Le premier ordre *verbal* ne dut point lui parvenir : il était adressé à Wavres, que les Prussiens occupaient, et lorsque le maréchal était encore à Gembloux. Il

[1] On désespéra de la vie du général Gérard pendant toute la soirée et une partie de la nuit, ce fut seulement le lendemain matin que l'on put trouver et extraire la balle. Le général, rentré en France, fut encore assez longtemps en danger.

est également possible que le second ne lui ait pas été remis. D'un autre côté, le premier ordre *écrit*, en lui parvenant à quatre heures du soir et lorsque ses troupes étaient déjà engagées, lui arrivait peut-être bien tard. Enfin, à sept heures, lorsqu'il reçut le second, toute intervention était matériellement impossible. La responsabilité de ces retards inexplicables, et dont on citerait difficilement un second exemple dans l'histoire d'aucune guerre, ne saurait peser sur lui; elle appartient tout entière au maréchal Soult.

En revanche, une accusation malheureusement trop fondée, c'est la profonde inintelligence dont le chef de l'*aile droite* a fait preuve à l'occasion de l'ordre verbal que lui donna l'Empereur sur le champ de bataille de Ligny : « Mettez-vous à la poursuite des Prussiens; complétez leur défaite, ne les perdez pas de vue, » lui avait dit Napoléon. Le maréchal eut le triste destin de croire qu'il remplissait sa mission en suivant, même à une grande distance, l'arrière-garde prussienne et en marchant derrière elle par les mêmes chemins. Ce que l'histoire doit hautement lui reprocher surtout, c'est de n'avoir mis ses troupes en mouvement, le 18, qu'entre huit et neuf heures du matin, au lieu de leur faire prendre les armes cinq ou six heures plus tôt, *dès la pointe du jour*; c'est de n'avoir point tenu ses communications *constamment liées* avec l'Empereur; c'est d'être demeuré inerte au bruit de l'épouvantable canonnade de Mont-Saint-Jean; d'être resté sourd aux conseils, aux avertissements de ses généraux, et au cri inspiré de toute son armée. Avec plus de décision et d'activité, avec une intelligence plus haute de la guerre et de sa position de chef d'armée, le maréchal Grouchy pouvait changer le désastre de Waterloo en un éclatant triomphe. Il dépendait de lui de le faire; il ne le fit pas; sa lenteur et son inaction furent la principale cause de la défaite : voilà la faute, ou, si l'on aime mieux, voilà le malheur dont nulle justification ne peut le relever et qui suivra éternellement sa mémoire [1].

Les troupes qui disputaient les approches de Wavres aux soldats de Gérard et de Vandamme se composaient du seul corps prussien de Thielmann. Le corps de Bulow, on l'a vu, avait quitté cette ville à la pointe du jour; ceux de Pirch et de Ziethen, partis dans la journée, se trouvaient dans les défilés de Saint-

---

[1] « Quelle est l'influence qui a pu décider le maréchal Grouchy à fermer l'oreille aux conseils salutaires qu'il avait reçus? La voix commune en accuse le commandant du 3e corps (Vandamme). Cette opinion a passé jusque chez nos ennemis, et on a été jusqu'à y faire entrer des vues de jalousie contre le commandant de l'aile droite (le maréchal). Nous aimons à croire, pour l'honneur de tous les deux, qu'il n'en est rien. Le maréchal Grouchy paraît s'être effrayé d'une responsabilité dont il s'est exagéré les conséquences. » (G. de VAUDONCOURT, *Campagnes de 1814 et 1815.*) — Tous les renseignements que nous avons pu recueillir tendent à confirmer cette opinion.

Lambert lorsque le maréchal Grouchy avait commencé son attaque. C'étaient les régiments composant ces deux corps que, sur les deux heures, le général Berthezène et ses officiers avaient aperçus des hauteurs de la Baraque, marchant dans la direction du canon. Une fois engagés dans les défilés de Saint-Lambert, les soldats de Ziethen et de Pirch, laissant à leur gauche le village de Lasne, son bois et le chemin de Planchenoit, s'étaient portés sur Ohain. Leur chiffre dépassait 35,000 hommes; Blücher les conduisait en personne. Ce général sortait des défilés lorsqu'il entendit les premiers coups de canon tirés par Grouchy devant Wavres. A peu de temps de là, un officier expédié de cette ville vint lui annoncer « que le général Thielmann était attaqué par un corps très-considérable, et que déjà l'on se disputait la possession de la ville[1]. » Blücher se trouvait dans une position analogue à celle où était, l'avant-veille, le général Drouet-d'Erlon. Devait-il se porter au secours de son lieutenant, ou persister à rejoindre son allié? Blücher n'écouta que son audace; il prit une résolution qui, dans une nature plus élevée, eût été une inspiration du génie. « Le feld-maréchal, ajoute le rapport que nous venons de citer, ne fut pas inquiet de la nouvelle. C'était sur le lieu où il se trouvait, et non pas ailleurs, que l'affaire devait se décider; et, si on pouvait l'emporter sur ce point, tout revers du côté de Wavres était de peu de conséquence. C'est pourquoi les colonnes continuèrent leur mouvement. » Il était près de huit heures du soir lorsque Blücher, abandonnant le corps de Thielmann à toutes les chances d'une défaite, reprit sa marche; une demi-heure après, il débouchait sur le champ de bataille de Mont-Saint-Jean par les hameaux de la Haie, Smouhen et Papelotte.

Ces positions, nous l'avons dit, étaient défendues par le prince Bernard de Saxe-Weimar, ayant avec lui plusieurs brigades allemandes et belges dont les soldats portaient encore les habits sous lesquels ils avaient combattu dans les rangs de l'ancienne armée impériale. Trompé par la vue de ces uniformes, le feld-maréchal prussien se jeta sur les brigades du prince allemand : elles voulurent vainement résister; Blücher, emporté par son impétuosité aveugle, les écrasa; leurs débris se retirèrent en désordre sur le centre de la ligne anglaise[2]. Les Prussiens se trouvèrent alors en face de nos régiments, qu'ils

[1] Rapport du général Gneizenau, chef d'état-major de Blücher, sur les journées des 16 et 18 juin 1815.

[2] « ... La victoire était encore douteuse, quand les Prussiens arrivèrent sur notre flanc gauche... Malheureusement ils prirent pour des Français mes Nassaus, qui ont encore l'uniforme français, quoique leurs cœurs soient bien allemands, et firent un feu terrible contre eux. Ils furent chassés de leur position (les Nassaus), et je les ralliai à un quart de lieue du champ de bataille. Mon général de division, dont *la première brigade a été totalement détruite*, est à présent avec moi. » (Lettre du prince Bernard de Saxe-Weimar à son père.)

chargèrent sur-le-champ. C'était leur mousqueterie que l'on avait entendue à notre extrême droite, lorsque les colonnes formées par Napoléon et conduites par Ney s'apprêtaient à un dernier effort contre les positions de Wellington.

Au moment où cette nouvelle armée, la *troisième* que nous devions avoir à combattre, entrait à son tour en ligne à l'extrême droite de notre champ de bataille, les colonnes de Ney gravissaient les pentes du plateau de Mont-Saint-Jean malgré le feu de toute l'infanterie britannique. L'affreux ravage que cette mousqueterie cause au milieu de nos soldats ne peut les arrêter : arrivés au pied de la terrasse, ils s'élancent vers le talus sous une grêle de balles, et le franchissent, Ney à leur tête. Une nombreuse artillerie fait alors de larges trouées dans leurs rangs. Ney, que les boulets fatiguent et irritent, ordonne d'emporter les batteries à la baïonnette. Ses régiments se précipitent sur les canons, les enlèvent et forcent les canonniers à se réfugier, encore une fois, dans l'intérieur des carrés chargés de soutenir les pièces. Ces carrés sont abordés à leur tour ; deux ou trois sont écrasés ; d'autres, bien qu'enfoncés, se reforment et portent ou reçoivent de nouveaux coups. Le sol se couvre de morts et de mourants. L'intrépide général Michel, de la garde, est tué ; le général Friant, blessé ; Ney, renversé de cheval. Ce maréchal, le plus brave, le plus grand des soldats au milieu du feu, se relève, et, l'épée à la main, continue à commander, à guider nos soldats. L'infanterie, la cavalerie, toutes les armes ne tardent pas à se mêler. Sur tous les points de cet étroit champ de bataille, les rangs sont pressés, presque confondus ; les efforts sont communs, mais les mouvements n'ont plus d'ensemble. La lutte devient, pour ainsi dire, individuelle. Nos soldats ne combattent pas, ils tuent ; partout des coups furieux, partout la mort[1]. « Tout le monde se croyait perdu, a dit un des aides de camp de Wellington, le général espagnol D. Ricardos de Alava ; lord Hill s'approcha du duc et lui demanda ce qu'il ordonnait. — Rien, répondit-il. — Mais vous pouvez être tué, et il est important que celui qui vous remplacera connaisse votre pensée. — Je n'en ai pas d'autre que de tenir ici tant que je pourrai ! » répliqua le duc. « L'armée anglaise n'avait plus un homme disponible, ajoute, à son tour, le général Jomini ; tout était ébranlé, abîmé ; si une troupe fraîche se présentait, la bataille pouvait être gagnée. » Encore quelques instants, et cette troupe fraîche allait intervenir. La vieille garde avançait.

---

[1] On lit dans une lettre du duc de Wellington au maréchal de Beresford : « Je n'ai jamais vu de mêlée aussi effroyable. Des deux côtés on ressemblait à ce que les boxeurs nomment des *gloutons*. » (N° 972 du *recueil* déjà cité.) — Les boxeurs luttent en *gloutons* quand le combat prend un tel caractère d'acharnement, que les champions semblent songer moins à se battre qu'à s'entre-tuer.

Les huit bataillons de grenadiers composant ce corps d'élite, formé, par Napoléon lui-même, après qu'il eut fait défiler les colonnes du prince de la

Moskowa, marchaient ainsi disposés : un bataillon en bataille, ayant sur chaque flanc un bataillon en colonne serrée. Cette disposition réunissait les avantages de l'ordre mince et de l'ordre profond. Deux brigades ainsi formées et marchant à distance de bataillon, composaient une première ligne derrière laquelle la troisième brigade était en réserve. L'artillerie occupait les intervalles. Mais, pendant que cette redoutable colonne avançait sur le centre de l'ennemi, et alors que le général Friant, obligé par sa blessure de quitter la terrasse de Mont-Saint-Jean, disait à l'Empereur, à cheval dans le ravin, « que tout allait bien sur le plateau, et qu'à l'arrivée de la vieille garde on aurait tout le champ de bataille, » à ce moment, l'intervention de Blücher, à l'extrême droite de notre ligne, devait renverser encore une fois les calculs de Napoléon.

Ceux de nos régiments qui tenaient cette partie du champ de bataille avaient d'abord attribué à l'intervention toujours attendue de Grouchy l'attaque faite contre les brigades allemandes et belges qui leur étaient opposées ; trompés par les coups échangés entre ces brigades et les nouveaux assaillants, ils se livraient à la joie et s'apprêtaient à donner la main à des frères d'armes, lorsque Blücher et la nouvelle armée qu'il conduisait, loin de fraterniser, tombèrent brusquement sur eux. Ne comprenant rien à l'attaque si soudaine, si furieuse de ces ennemis ignorés, nos soldats se crurent trahis. Au lieu de tenir ferme ou de se replier en résistant, ils se retirèrent en désordre. Leurs files rompues vinrent donner dans les huit bataillons de vieille garde qui traversaient alors le ravin pour monter au plateau. Ces bataillons, à la vue de ce mouvement rétrograde, et au bruit du feu roulant de mousqueterie qui poussait sur eux les fuyards, suspendirent leur marche. Bientôt, appuyant sur la droite et se formant en carrés, ils barrèrent cette partie du champ de bataille. L'infanterie de Blücher immédiatement s'arrêta.

Wellington, depuis le commencement de la bataille, tenait en réserve, en arrière de son extrême gauche, vers Ohain, deux brigades de cavalerie, fortes de six régiments, et destinées à garder ses communications avec les troupes qu'il attendait de Wavres. Ces deux brigades comptaient 3,000 chevaux. L'arrivée de Blücher les rendait disponibles ; les cavaliers n'avaient pas donné un coup de sabre de la journée ; leurs montures étaient restées au repos. Ces six régiments, chargés d'appuyer la nouvelle armée prussienne, entrèrent en ligne dès qu'ils virent celle-ci s'arrêter. N'osant attaquer de front les carrés de la garde ni se hasarder dans les intervalles, cette cavalerie les tourna, et, se jetant entre la Haie-Sainte et les carrés, sur la chaussée, elle acheva de porter la désorganisation parmi les détachements que Blücher venait de rompre, et dont les rangs désunis étaient alors traversés par les nombreux blessés descendant du plateau. La grosse cavalerie de la garde, si elle était restée sous la main de l'Empereur, aurait eu facilement raison de cette irruption audacieuse au centre de notre ligne, et nos troupes, abritées par ces 2,000 cavaliers d'élite et par l'infanterie de la vieille garde, auraient encore pu se rallier derrière ce double rideau. Mais les grenadiers à cheval et les dragons de la garde, engagés, on l'a vu, malgré les ordres et les efforts de l'Empereur, n'avaient pas quitté les autres corps de cavalerie, et, mêlés à nos immortels cuirassiers, ils prenaient alors leur part des coups portés sur le plateau. Napoléon n'avait à opposer à ces nouveaux assaillants que les quatre escadrons de service auprès de lui ; il les lança contre les deux brigades anglaises ; ces quatre escadrons se trouvèrent trop faibles ; ils furent culbutés.

Pendant ce temps, les troupes engagées sur le plateau, croyant achever la victoire, épuisaient leurs efforts et brûlaient leurs dernières cartouches. La fusillade qu'elles avaient entendue sur leur droite, au commencement de l'attaque, bien qu'elle devînt plus vive et ne cessât de se rapprocher, ne les alarmait pas. C'était le feu des troupes de Grouchy, avait dit l'Empereur. Cependant des exclamations confuses, parties du bas du plateau ne tardent pas à tenir leur attention en éveil. Bientôt quelques cris de *Sauve qui peut ! nous sommes trahis !* arrivent jusque sur la hauteur. Ces cris émeuvent nos soldats. D'un autre côté, les décharges que les carrés de la garde font en ce moment derrière eux les inquiètent. Dominés par ces fatals soupçons de trahison que les faux mouvements des deux derniers jours ont encore augmentés, les régiments de Ney à la fin hésitent, puis faiblissent. Il était plus de neuf heures, la nuit commençait. Wellington s'aperçoit de l'incertitude et du flottement de nos troupes ; la mousqueterie de Blücher, dont il suit attentivement les progrès, l'enhardit ; il juge le moment venu d'un dernier effort. Des officiers dépêchés sur tous les points du champ de bataille transmettent aux détachements de toutes armes l'ordre de se concentrer et de se porter en avant. L'infanterie britannique, jusqu'alors immobile, double, redouble ses rangs et s'apprête, pour la première fois de la journée, à descendre en masse du fatal plateau ; elle s'ébranle ; la cavalerie et l'artillerie l'imitent ; tout se met en marche, tout s'avance. Ces 70 à 75,000 combattants, auparavant rompus, disloqués, maintenant réunis, refoulent lentement sur notre ligne de retraite, par le seul effort de leur poids, les troupes épuisées qui tiennent encore sur le plateau. De leur côté, les 60,000 Prussiens de Bulow et de Blücher, alors réunis, étendant leurs lignes parallèlement à la route, ne tardent pas à repousser sur la chaussée, que descendent en ce moment les soldats de Wellington, tous les régiments engagés sur notre flanc droit. Toutes les positions occupées par nos soldats sont successivement abandonnées ; le découragement et le désordre gagnent tous les rangs ; la masse d'hommes que le mouve-

ment concentrique des *trois* armées ennemies rejette ainsi, des points les plus
éloignés du champ de bataille, dans une direction commune, encombre bientôt la route; toutes les armes se pelotonnent et se mêlent; en quelques
instants la moitié de l'armée ne présente plus qu'une masse confuse, impossible à rallier.

L'Empereur, à la vue de cette désorganisation dont la véritable cause lui
échappe, est frappé de stupeur. Ses troupes se débandaient! Il demeure
immobile, son visage pâlit, ses lèvres deviennent tremblantes. de grosses
larmes coulent lentement de ses yeux. Ses aides de camp courent de tous
côtés pour arrêter ce mouvement incompréhensible; lui-même il se jette au
milieu de la foule; ses ordres, ses paroles, ses prières, rien n'est entendu.
Les détonations de l'artillerie alliée qui continue de tirer, le tumulte causé
par le passage des chevaux et des voitures qui font retraite, le bruit des
imprécations de cette masse d'hommes qui se heurtent et se poussent sur la
chaussée, couvrent tous les commandements; la nuit déjà épaisse ne permet
plus de voir les chefs. Une préoccupation, d'ailleurs, domine tous les esprits :
Bulow, revenu sur Planchenoit, s'est logé dans ce village, malgré l'héroïque
résistance du comte de Lobau et du général Pelet; l'artillerie prussienne tonne
sur nos derrières; la retraite, si on ne se hâte, sera coupée.

Vainement les bataillons de la vieille garde, formés en carrés au fond du
ravin, essayent d'arrêter Blücher et Wellington. Assaillis, foudroyés par un
ennemi trente fois plus nombreux, leurs premiers rangs se fondent, pour ainsi
dire, sous la pluie de balles et de mitraille que l'infanterie et l'artillerie
anglaise et prussienne vomissent sur eux. Cinq carrés sont successivement
détruits. Les Anglais et les Prussiens avancent toujours, mais lentement; eux
aussi, les premiers surtout, sont harassés. Ils arrivent devant deux autres
carrés de la garde commandés par les généraux Petit et Poret de Morvan. La
résistance de ces deux bataillons est vaincue à son tour; le flot des assaillants les emporte; leurs débris vont se mêler au torrent de soldats désorga-
nisés qui s'écoule vers Genape, Marchiennes et Charleroi. Un dernier carré,
commandé par Cambronne, se maintient encore sur la hauteur entre la ferme
de la Belle-Alliance et la *maison d'Écosse*, à quelques pas du mamelon où
l'Empereur était demeuré une partie du jour. Seuls de toute l'armée, ces soldats restent immobiles et gardent encore leurs rangs. L'infanterie britannique
et l'infanterie prussienne continuent à s'avancer, précédées par une ligne
épaisse de cavalerie anglaise, marchant au pas, et poussant devant elle un
groupe composé de quelques cavaliers français qui ne se retiraient qu'avec
une extrême lenteur. L'Empereur était dans ce groupe; et, comme s'il ne
pouvait s'arracher de ce champ de bataille où il laissait sa fortune, il sem-

blait ne suivre qu'avec peine ses compagnons; il marchait le dernier. Un
peloton, en se détachant du premier rang de la cavalerie anglaise, pouvait
s'emparer de sa personne; l'obscurité, heureusement, le protégeait. Près de

Le général Cambronne.

lui se tiennent le maréchal Soult. les généraux Bertrand, Drouot, de Flahaut, Gourgaud et Labédoyère, qui l'entourent, l'épée à la main. Refoulé
pas à pas jusque sur le bataillon de Cambronne, il s'arrête, et se range, face
à l'ennemi, près des premières files du carré. Cependant la cavalerie alliée

approche toujours. Napoléon, jusque-là, était resté absorbé et silencieux ; il aperçoit quelques pièces à demi abandonnées : « Gourgaud ! s'écrie-t-il en se tournant vers ce général, faites tirer ! » Les pièces sont mises sur-le-champ en batterie ; elles font feu ; un de leurs boulets emporte la jambe gauche de lord Uxbridge. Le général Gourgaud venait de tirer les derniers coups de canon de la bataille.

Les cavaliers anglais, arrêtés un instant par cette décharge, reprennent bientôt leur marche ; quand ils ne sont plus qu'à quelques pas, l'Empereur prend la direction du bataillon, commande le feu et ordonne d'ouvrir le carré. Décidé à mourir, il pousse son cheval pour le faire entrer dans les rangs. « Ah ! Sire, s'écrie le maréchal Soult en saisissant la bride, les ennemis ne sont-ils pas déjà assez heureux ! » Napoléon résiste, le maréchal et les généraux redoublent d'efforts et parviennent à l'entraîner sur la route de Genâpe. Mais Cambronne et ses soldats restent ; ils veulent donner à leur général le temps de s'éloigner. Entourés, attaqués sur toutes les faces, aucun coup ne les entame ; leurs rangs, incessamment diminués, se resserrent ; on leur crie de se rendre ; Cambronne refuse ; ni lui ni ses soldats ne veulent survivre à leur défaite. La mort, bientôt, leur semble trop lente à venir. La charge est ordonnée, les grenadiers croisent la baïonnette, et poussant un dernier cri de *Vive l'Empereur !* ils se précipitent tête baissée sur les rangs les plus épais de l'ennemi. Le choc fut terrible ; tout plia d'abord devant cette héroïque phalange. Sa course, toutefois, ne pouvait être longue : étouffé, écrasé sous le nombre, le bataillon fut anéanti [1].

Dans ce moment, les *trois* armées alliées s'avançant en deux lignes immenses formant l'équerre, l'une droit aux hauteurs de la Belle-Alliance, les deux autres parallèlement à la chaussée, opéraient leur jonction. Les deux généraux en chef se rencontrèrent devant la ferme ; ils descendirent de cheval et se jetèrent dans les bras l'un de l'autre, échangeant de vives félicitations sur cette victoire, caprice inespéré de la fortune. Il importait de la compléter en rendant toute tentative de ralliement impossible. La cavalerie prussienne n'avait essuyé aucune fatigue, elle n'avait pas combattu de la journée : Blücher lui ordonna de poursuivre nos troupes à outrance durant toute la nuit, tant que les chevaux pourraient marcher. « Il était neuf heures du soir, a dit le feld-maréchal prussien dans son rapport sur cette journée ; tous les officiers supérieurs furent réunis et eurent ordre d'employer jusqu'au dernier cava-

---

[1] Quelques hommes de ce bataillon, laissés pour morts sur le champ de bataille et recueillis le lendemain par les habitants du pays, furent sauvés. Cambronne se trouva du nombre : on a pu l'interroger. Les mots : « La garde meurt et ne se rend pas, » mis à cette occasion dans sa bouche, reproduisent le sens exact de son énergique réponse aux sommations des officiers anglais.

lier. » Alors commença une poursuite active, acharnée, qui fut fatale à nos malheureux soldats : brisés par les fatigues d'une lutte de 10 heures, et toujours inégale; affaiblis par le besoin, sans chaussures, la plupart avaient jeté leurs armes comme un poids trop lourd pour leurs forces épuisées [1]. Seuls, 200 chasseurs à pied de la garde, ramenés de Planchenoit par le général Pelet [2], se tenaient réunis sous son commandement autour de leur aigle, que ce général parvint à sauver. Le reste marchait complétement débandé. En se jetant à travers cette masse d'hommes sans défense, qui se retiraient au hasard, la nuit, sur une route couverte d'armes et de canons abandonnés, de caissons et de chariots renversés, les cavaliers prussiens n'avaient qu'à frapper. « Ceux qui voulaient se reposer, a dit encore Blücher, furent successivement repoussés de plus de neuf bivacs. Le clair de lune favorisait beaucoup la poursuite, qui n'était qu'une véritable chasse, soit dans les champs, soit dans les maisons. » Un grand nombre d'officiers et de soldats se dérobèrent par une mort volontaire aux coups furieux de cette cavalerie. « Ils n'auront ni mon cheval ni moi, » dit un officier de cuirassiers en voyant arriver l'ennemi; d'un coup de pistolet il renverse son cheval, d'un autre il se tue. Vingt pas plus loin, un colonel se brûle la cervelle. « Où donc allez-vous? dit un aide de camp à un général de brigade qui tournait la tête de son cheval du côté des Prussiens. — Me faire tuer! » répond le général en enfonçant les éperons dans le flanc de sa monture et en se jetant tête baissée sur l'ennemi. Des soldats, que l'épuisement ou leurs blessures empêchaient de marcher, décidés à mourir plutôt que de se rendre, se fusillèrent, assure-t-on, entre eux. La cavalerie prussienne courut et sabra jusqu'au jour; elle acheva la déroute. Les débris de nos régiments ne purent s'arrêter qu'au delà de la frontière.

Les Anglais, après le combat, ramassèrent sur le champ de bataille et sur la route 6 à 7,000 prisonniers; le comte de Lobau, resté enfermé au milieu de Planchenoit, se trouva du nombre. Ces prisonniers furent à peu près les seuls de la campagne. Nos soldats n'en firent pas; les Prussiens n'accordaient aucun quartier; ils tuaient tout ce qu'ils pouvaient atteindre. Le général Duhesme, entre autres, fut massacré par eux dans la poursuite, à l'entrée de Genape, à près de deux lieues du champ de bataille. Il consentait

---

[1] La boue, sur la partie du champ de bataille où combattirent nos troupes, était si profonde et si tenace, que, le lendemain, on pouvait reconnaître la position occupée par chaque carré et suivre la trace des principales charges de cavalerie, à l'aide des empreintes marquées dans le sol par les pieds des hommes et des chevaux. Un grand nombre de nos fantassins y laissèrent leurs chaussures.

[2] Aujourd'hui directeur du dépôt de la guerre. (Note écrite en 1844.)

à se rendre. L'officier auquel il présentait son épée s'en empara et lui passa la sienne au travers du corps[1].

Effort héroïque de la Révolution armée, la bataille de Waterloo, malgré ses résultats, fut digne de la lutte sainte engagée vingt-trois ans auparavant par la France révolutionnaire contre l'Europe coalisée. Bien que formées à la hâte, et composées, pour moitié, de conscrits ou de volontaires enrégimentés depuis quelques semaines, les troupes qui livrèrent ce combat suprême se montrèrent les égales des plus vaillantes légions de la République et de l'Empire : elles comptaient *cinquante-neuf mille* combattants à Ligny ; à Waterloo *soixante-cinq mille ;* les Alliés perdirent près de SOIXANTE MILLE HOMMES. Jamais armée française, on le voit, ne porta des coups plus terribles[2]. Fantassins, cavaliers, artilleurs de la ligne et de la garde, tous les soldats furent admirables ; eux seuls, jusqu'à la dernière heure, ne commirent aucune faute. Le plus grand nombre des officiers de troupe, les généraux encore jeunes, se montrèrent dignes de commander à de telles gens[3]. Mais les hauts chefs ! mais Ney, le général Drouet-d'Erlon, le maréchal Grouchy, le maréchal Soult,

---

[1] La furie qui animait les soldats de Blücher et les nôtres, durant les quatre jours de cette campagne, survécut à la bataille du 18. Le jour suivant et le surlendemain, les blessés des deux nations, retirés dans les villages ou dans les fermes voisines du champ de bataille, luttaient encore sur les lits et sur la paille où ils étaient gisants ; à défaut d'armes, ils se déchiraient avec les mains. Le 20, un habitant de Planchenoit rentre dans sa maison, qu'il avait abandonnée dans l'après-midi du 18. Son lit était occupé par deux moribonds restés sans soins depuis deux jours ; il s'approche, et leur demande ce dont ils ont le plus besoin. L'un d'eux, blessé français, rassemble ce qu'il a de forces, et répond : « Je voudrais un pistolet pour casser la tête à ce Prussien ! »

[2] Nous étions 59,000 à Ligny ; les Prussiens y avaient au delà de 90,000 combattants. A Waterloo, nos troupes se battirent, au nombre de 65,000 hommes, contre trois armées fortes ensemble de près de 160.000 soldats. Voici le chiffre des pertes des deux partis, les 16 et 18 juin, en tués ou blessés :

Français : A Ligny, 6,950 ; aux Quatre-Bras, 3.400 ; à Waterloo, 18,500 ; total, 28,850. Nous eûmes, en outre, à cette dernière bataille, 7,008 prisonniers.

Alliés : Anglais, 10,980, et Hanovriens 2,757 (rapport de Wellington) ; légion allemande, 1,900 ; troupes de Brunswick, 2,000 ; troupes de Nassau, 3,400 ; Hollando-Belges, 4,136 (rapport du prince d'Orange) ; Prussiens, 33,132 (rapport du général Gneizenau). Total, 58.005. Ces troupes n'eurent point de prisonniers.

[3] Si, le premier jour de la campagne, un lieutenant général et plusieurs officiers supérieurs avaient passé à l'ennemi, par un contraste qui caractérise le moment et les hommes, pas un seul des 115,000 sous-officiers et soldats qui franchirent la frontière n'a déserté. Un rapport que nous avons sous les yeux constate que dans le 4ᵉ corps (15.000 hommes), il n'y eut pas *une seule faute de désobéissance* à réprimer durant toute la campagne. Ce rapport ajoute que le 16, à Ligny, tous les officiers montés de l'ancienne division Bourmont eurent leurs chevaux tués sous eux, et qu'il serait impossible de désigner aucun des officiers supérieurs ou autres comme s'étant particulièrement distingué, parce qu'il faudrait les citer tous. « Le seul reproche à faire aux soldats, dit ce rapport, serait de s'être jetés sur l'ennemi avec trop de fureur et d'abandon ; plus de calme aurait épargné bien des braves gens. » Cette division, forte de 4.000 hommes, eut 1,200 hommes hors de combat. Il en fut de même pour la plupart des autres divisions de l'armée

La déroute. — (Page 107).

dans ses fonctions de major général! Leurs fautes, pendant ces quatre jours, furent si lourdes, que Napoléon a pu dire : « Tout a été fatal dans cette campagne et prend la teinte d'une *absurdité.* »

Étrange bizarrerie des événements humains! La catastrophe de Waterloo, malgré l'impéritie de plusieurs généraux et la torpeur de quelques autres, aurait cependant été changée en une éclatante victoire, sans un orage et sans une faute énorme du duc de Wellington. Si le sol avait été moins détrempé par les pluies, la bataille, commencée plusieurs heures plus tôt, aurait été gagnée avant l'arrivée de Bulow à Planchenoit; alors l'intervention successive, isolée, des généraux prussiens, au lieu de sauver deux fois leur allié, aurait amené la complète destruction de leurs propres troupes. D'un autre côté, la position de Mont-Saint-Jean, malgré sa force défensive, était on ne peut plus mal choisie. La première condition, pour un champ de bataille, est de n'avoir point de défilés sur les derrières, et Wellington s'était adossé à une forêt. Trois fois, dans cette journée, l'armée anglaise aurait opéré sa retraite, si la retraite lui avait été possible. Ce qui devait la perdre finit par la sauver. « Journée incompréhensible! concours de fatalités inouïes! s'écriait Napoléon dans sa prison de Sainte-Hélène, un an plus tard, le 18 juin 1816... Ney, d'Erlon, Grouchy !... Y a-t-il eu trahison? N'y a-t-il eu que du malheur? Et pourtant tout ce qui tenait à l'habileté avait été accompli! Singulière campagne, où j'ai vu trois fois s'échapper de mes mains le triomphe assuré de la France! Sans la désertion d'un traître, j'anéantissais mes ennemis en ouvrant la campagne; je les écrasais à Ligny, si la gauche eût fait son devoir; je les écrasais à Waterloo, si ma droite ne m'eût pas manqué. Singulière défaite, où, malgré la plus horrible catastrophe, la gloire du vaincu n'a point souffert, ni celle du vainqueur augmenté. La mémoire de l'un survivra à sa destruction; la mémoire de l'autre s'ensevelira peut-être dans son triomphe! »

FIN

TABLE DES GRAVURES

IMPRIMERIE J. CLAYE
RUE SAINT-BENOIT 7
PARIS

9 782329 078342